सूर्यकांत त्रिपाठी निराला की प्रसिद्ध कविताएँ

सूर्यकांत त्रिपाठी निराला

टू साइन

प्रकाशक : ट्रू साइन पब्लिशिंग हाउस
पता : SY.N0.21/2 & 21/3, सोननहल्ली,
कृष्णराजपुरा, बेंगलुरु, कर्नाटक - 560049 भारत
ईमेल : truesignbooks@gmail.com
वेबसाइट : www.truesign.in

सूर्यकांत त्रिपाठी निराला की प्रसिद्ध कविताएँ

लेखक: सूर्यकांत त्रिपाठी निराला

ISBN: 978-93-5904-965-6

संस्करण: 2023

अनुक्रम

(1) सरोज स्मृति

ऊनविंश पर जो प्रथम चरण
तेरा वह जीवन-सिंधु-तरण;
तनय, ली कर दृक्-पात तरुण
जनक से जन्म की विदा अरुण!
गीते मेरी, तज रूप-नाम
वर लिया अमर शाश्वत विराम
पूरे कर शुचितर सपर्याय
जीवन के अष्टादशाध्याय,
चढ़ मृत्यु-तरणि पर तूर्ण-चरण
कह—"पितः, पूर्ण आलोक वरण
करती हूँ मैं, यह नहीं मरण,
'सरोज' का ज्योति:शरण—तरण—
अशब्द अधरों का, सुना, भाष,
मैं कवि हूँ, पाया है प्रकाश
मैंने कुछ अहरह रह निर्भर
ज्योतिस्तरणा के चरणों पर।
जीवित-कविते, शत-शर-जर्जर
छोड़कर पिता को पृथ्वी पर
तू गई स्वर्ग, क्या यह विचार—
"जब पिता करेंगे मार्ग पार
यह, अक्षम अति, तब मैं सक्षम,

तारूँगी कर गह दुस्तर तम?”
कहता तेरा प्रयाण सविनय,—
कोई न अन्य था भावोदय।
श्रावण-नभ का स्तब्धांधकार
शुक्ला प्रथमा, कर गई पार!
धन्ये, मैं पिता निरर्थक था,
कुछ भी तेरे हित न कर सका।
जाना तो अर्थागमोपाय
पर रहा सदा संकुचित-काय
लखकर अनर्थ आर्थिक पथ पर
हारता रहा मैं स्वार्थ-समर।
शुचिते, पहनाकर चीनांशुक
रख सका न तुझे अत: दधिमुख।
क्षीण का न छीना कभी अन्न,
मैं लख न सका वे दृग विपन्न;
अपने आँसुओं अत: बिंबित
देखे हैं अपने ही मुख-चित।
सोचा है नत हो बार-बार—
“यह हिंदी का स्नेहोपहार,
यह नहीं हार मेरी, भास्वर
वह रत्नहार—लोकोत्तर वर।
अन्यथा, जहाँ है भाव शुद्ध
साहित्य-कला-कौशल-प्रबुद्ध,
हैं दिए हुए मेरे प्रमाण
कुछ वहाँ, प्राप्ति को समाधान,—
पार्श्व में अन्य रख कुशल हस्त
गद्य में पद्य में समाभ्यस्त।
देखें वे; हँसते हुए प्रवर

जो रहे देखते सदा समर,
एक साथ जब शत घात घूर्ण
आते थे मुझ पर तुले तूर्ण।
देखता रहा मैं खड़ा अपल
वह शर क्षेप, वह रण-कौशल।
व्यक्त हो चुका चीत्कारोत्कल
क्रुद्ध युद्ध का रुद्ध-कंठ फल।
और भी फलित होगी वह छवि,
जागे जीवन जीवन का रवि,
लेकर, कर कल तूलिका कला,
देखो क्या रंग भरती विमला,
वांछित उस किस लांछित छवि पर
फेरती स्नेह की कूची भर।
अस्तु मैं उपार्जन को अक्षम
कर नहीं सका पोषण उत्तम
कुछ दिन को, जब तू रही साथ,
अपने गौरव से झुका माथ।
पुत्री भी, पिता-गेह में स्थिर,
छोड़ने के प्रथम जीर्ण अजिर।
आँसुओं सजल दृष्टि की छलक,
पूरी न हुई जो रही कलक
प्राणों की प्राणों में दबकर
कहती लघु-लघु उसाँस में भर;
समझता हुआ मैं रहा देख
हटती भी पथ पर दृष्टि टेक।
तू सवा साल की जब कोमल;
पहचान रही ज्ञान में चपल,
माँ का मुख, हो चुंबित क्षण-क्षण,

भरती जीवन में नव जीवन,
वह चरित पूर्ण कर गई चली,
तू नानी की गोद जा पली।
सब किए वहीं कौतुक-विनोद
उस घर निशि-वासर भरे मोद;
खाई भाई की मार, विकल
रोई, उत्पल-दल-दृग-छलछल;
चुमकारा सिर उसने निहार,
फिर गंगा-तट-सैकत विहार
करने को लेकर साथ चला,
तू गहकर चली हाथ चपला;
आँसुओं धुला मुख हासोच्छल,
लखती प्रसार वह ऊर्मि-धवल।
तब भी मैं इसी तरह समस्त,
कवि जीवन में व्यर्थ भी व्यस्त;
लिखता अबाध गति मुक्त छंद,
पर संपादकगण निरानंद
वापस कर देते पढ़ सत्वर
दे एक-पंक्ति-दो में उत्तर।
लौटी रचना लेकर उदास
ताकता हुआ मैं दिशाकाश
बैठा प्रांतर में दीर्घ प्रहर
व्यतीत करता था गुन-गुन कर
संपादक के गुण; यथाभ्यास
पास की नोचता हुआ घास
अज्ञात फेंकता इधर-उधर
भाव की चढ़ी पूजा उन पर।
याद है दिवस की प्रथम धूप

थी पड़ी हुई तुझ पर सुरूप,
खेलती हुई तू परी चपल,
मैं दूरस्थित प्रवास से चल
दो वर्ष बाद, होकर उत्सुक
देखने के लिए अपने मुख
था गया हुआ, बैठा बाहर
आँगन में फाटक के भीतर
मोढ़े पर, ले कुंडली हाथ
अपने जीवन की दीर्घ गाथ।
पढ़, लिखे हुए शुभ दो विवाह
हँसता था, मन में बढ़ी चाह
खंडित करने को भाग्य-अंक,
देखा भविष्य के प्रति अशंक।
इससे पहले आत्मीय स्वजन
सस्नेह कह चुके थे, जीवन
सुखमय होगा, विवाह कर लो।
जो पढ़ी-लिखी हो—सुंदर हो।
आए ऐसे अनेक परिणय,
पर विदा किया मैंने सविनय
सबको, जो अड़े प्रार्थना भर
नयनों में, पाने को उत्तर
अनुकूल, उन्हें जब कहा निडर—
"मैं हूँ मंगली", मुड़े सुनकर।
इस बार एक आया विवाह
जो किसी तरह भी हतोत्साह
होने को न था, पड़ी अड़चन,
आया मन में भर आकर्षण
उन नयनों का; सासु ने कहा—

"वे बड़े भले जन हैं, भय्या,
एन्ट्रेंस पास है लड़की वह,
बोले मुझ से, छब्बिस ही तो
वर की है उम्र, ठीक ही है,
लड़की भी अट्ठारह की है।"
फिर हाथ जोड़ने लगे, कहा—
''वे नहीं कर रहे ब्याह, अहा!
हैं सुधरे हुए बड़े सज्जन!
अच्छे कवि, अच्छे विद्वज्जन!
हैं बड़े नाम उनके! शिक्षित
लड़की भी रूपवती, समुचित
आपको यही होगा कि कहें
'हर तरह उन्हें, वर सुखी रहें।'
आएँगे कल।" दृष्टि थी शिथिल,
आई पुतली तू खिल-खिल-खिल
हँसती, मैं हुआ पुनः चेतन,
सोचता हुआ विवाह-बंधन।
कुंडली दिखा बोला—"ए-लो"
आई तू, दिया, कहा "खेलो!''
कर स्नान-शेष, उन्मुक्त-केश
सासुजी रहस्य-स्मित सुवेश
आई करने को बातचीत
जो कल होने वाली, अजीत;
संकेत किया मैंने अखिन्न
जिस ओर कुंडली छिन्न-भिन्न,
देखने लगीं वे विस्मय भर
तू बैठी संचित टुकड़ों पर!
धीरे-धीरे फिर बढ़ा चरण,

बाल्य की केलियों का प्रांगण
कर पार, कुंज-तारुण्य सुघर
आई, लावण्य-भार थर-थर
काँपा कोमलता पर सस्वर
ज्यों मालकौश नव वीणा पर;
नैश स्वप्न ज्यों तू मंद-मंद
फूटी ऊषा—जागरण-छंद;
काँपी भर निज आलोक-भार,
काँपा वन, काँपा दिक् प्रसार।
परिचय-परिचय पर खिला सकल—
नभ, पृथ्वी, द्रुम, कलि, किसलय-दल।
क्या दृष्टि! अतल की सिक्त-धार
ज्यों भोगावती उठी अपार,
उमड़ता ऊर्ध्व को कल सलील
जल टलमल करता नील-नील,
पर बँधा देह के दिव्य बाँध,
छलकता दृगों से साध-साध।
फूटा कैसा प्रिय कंठ-स्वर
माँ की मधुरिमा व्यंजना भर।
हर पिता-कंठ की दृप्त-धार
उत्कलित रागिनी की बहार!
बन जन्मसिद्ध गायिका, तन्वि,
मेरे स्वर की रागिनी वह्नि
साकार हुई दृष्टि में सुघर,
समझा मैं क्या संस्कार प्रखर।
शिक्षा के बिना बना वह स्वर
है, सुना न अब तक पृथ्वी पर!
जाना बस, पिक-बालिका प्रथम

पल अन्य नीड़ में जब सक्षम
होती उड़ने को, अपना स्वर
भर करती ध्वनित मौन प्रांतर।
तू खिंची दृष्टि में मेरी छवि,
जागा उर में तेरा प्रिय कवि,
उन्मनन-गुंज सज हिला कुंज
तरु-पल्लव कलि-दल पुंज-पुंज,
बह चली एक अज्ञात बात
चूमती केश—मृदु नवल गात,
देखती सकल निष्पलक-नयन
तू, समझा मैं तेरा जीवन।
सासु ने कहा लख एक दिवस—
"भैया अब नहीं हमारा बस,
पालना-पोसना रहा काम,
देना 'सरोज' को धन्य-धाम,
शुचि वर के कर, कुलीन लखकर,
है काम तुम्हारा धर्मोत्तर;
अब कुछ दिन इसे साथ लेकर
अपने घर रहो, ढूँढ़कर वर
जो योग्य तुम्हारे, करो ब्याह
होंगे सहाय हम सहोत्साह।"
सुनकर, गुनकर चुपचाप रहा,
कुछ भी न कहा, न अहो, न अहा,—
ले चला साथ मैं तुझे, कनक
ज्यों भिक्षुक लेकर; स्वर्ण-झनक
अपने जीवन की, प्रभा विमल
ले आया निज गृह-छाया-तल।
सोचा मन में हत बार-बार—

'ये कान्यकुब्ज-कुल-कुलांगार
खाकर पत्तल में करें छेद,
इनके कर कन्या, अर्थ खेद;
इस विषय-बेलि में विष ही फल,
यह दग्ध मरुस्थल,—नहीं सुजल।'
फिर सोचा—'मेरे पूर्वजगण
गुजरे जिस राह, वही शोभन
होगा मुझको, यह लोक-रीति
कर दें पूरी, गो नहीं भीति
कुछ मुझे तोड़ते गत विचार;
पर पूर्ण रूप प्राचीन भार
ढोने में हूँ अक्षम; निश्चय
आएगी मुझमें नहीं विनय
उतनी जो रेखा करे पार
सौहार्द-बंध की, निराधार।
वे जो जमुना के-से कछार
पद, फटे बिवाई के, उधार
खाए के मुख ज्यों, पिए तेल
चमरौधे जूते से सकेल
निकले, जी लेते, घोर-गंध,
उन चरणों को मैं यथा अंध,
कल घ्राण-प्राण से रहित व्यक्ति
हो पूजूँ, ऐसी नहीं शक्ति।
ऐसे शिव से गिरिजा-विवाह
करने की मुझको नहीं चाह।'
फिर आई याद—मुझे सज्जन
है मिला प्रथम ही विद्वज्जन
नवयुवक एक, सत्साहित्यिक,

कुल कान्यकुब्ज, यह नैमित्तिक
होगा कोई इंगित अदृश्य,
मेरे हित है हित यही स्पृश्य
अभिनंदनीय। बंध गया भाव,
खुल गया हृदय का स्नेह-स्राव;
खत लिखा, बुला भेजा तत्क्षण,
युवक भी मिला प्रफुल्ल, चेतन।
बोला मैं—"मैं हूँ रिक्त हस्त
इस समय, विवेचन में समस्त—
जो कुछ है मेरा अपना धन
पूर्वज से मिला, करूँ अर्पण
यदि महाजनों को, तो विवाह
कर सकता हूँ; पर नहीं चाह
मेरी ऐसी, दहेज देकर
मैं मूर्ख बनूँ, यह नहीं सुघर,
बारात बुलाकर मिथ्या व्यय
मैं करूँ, नहीं ऐसा सुसमय।
तुम करो ब्याह, तोड़ता नियम
मैं सामाजिक योग के प्रथम,
लग्न के, पढ़ूँगा स्वयं मंत्र
यदि पंडितजी होंगे स्वतंत्र।
जो कुछ मेरा, वह कन्या का,
निश्चय समझो, कुल धन्या का।''
आए पंडितजी, प्रजावर्ग
आमंत्रित साहित्यिक, ससर्ग
देखा विवाह आमूल नवल;
तुझ पर शुभ पड़ा कलश का जल।
देखती मुझे तू, हँसी मंद,

होठों में बिजली फँसी, स्पंद
उर में भर झूली छबि सुंदर,
प्रिय की अशब्द शृंगार-मुखर
तू खुली एक उच्छ्वास-संग,
विश्वास-स्तब्ध बंध अंग-अंग,
नत नयनों से आलोक उतर
काँपा अधरों पर थर-थर-थर।
देखा मैंने, वह मूर्ति-धीति
मेरे वसंत की प्रथम गीति—
शृंगार, रहा जो निराकार
रस कविता में उच्छ्वसित-धार
गाया स्वर्गीया-प्रिया-संग
भरता प्राणों में राग-रंग
रति-रूप प्राप्त कर रहा वही,
आकाश बदलकर बना मही।
हो गया ब्याह, आत्मीय स्वजन
कोई थे नहीं, न आमंत्रण
था भेजा गया, विवाह-राग
भर रहा न घर निशि-दिवस-जाग;
प्रिय मौन एक संगीत भरा
नव जीवन के स्वर पर उतरा।
माँ की कुल शिक्षा मैंने दी,
पुष्प-सेज तेरी स्वयं रची,
सोचा मन में—'वह शकुंतला,
पर पाठ अन्य यह, अन्य कला।'
कुछ दिन रह गृह, तू फिर समोद,
बैठी नानी की स्नेह-गोद।
मामा-मामी का रहा प्यार,

भर जलद धरा को ज्यों अपार;
वे ही सुख-दु:ख में रहे न्यस्त,
तेरे हित सदा समस्त, व्यस्त;
वह लता वहीं की, जहाँ कली
तू खिली, स्नेह से हिली, पली;
अंत भी उसी गोद में शरण
ली, मूँदे दृग वर महामरण!
मुझ भाग्यहीन की तू संबल
युग वर्ष बाद जब हुई विकल,
दु:ख ही जीवन की कथा रही,
क्या कहूँ आज, जो नहीं कही!
हो इसी कर्म पर वज्रपात
यदि धर्म, रहे नत सदा माथ
इस पथ पर, मेरे कार्य सकल
हों भ्रष्ट शीत के-से शतदल!
कन्ये, गत कर्मों का अर्पण
कर, करता मैं तेरा तर्पण!

(2) राम की शक्ति-पूजा

रवि हुआ अस्त : ज्योति के पत्र पर लिखा अमर
रह गया राम-रावण का अपराजेय समर
आज का, तीक्ष्ण-शर-विधृत-क्षिप्र-कर वेग-प्रखर,
शतशेलसंवरणशील, नीलनभ-गर्ज्जित-स्वर,
प्रतिपल-परिवर्तित-व्यूह-भेद-कौशल-समूह,—
राक्षस-विरुद्ध प्रत्यूह,—क्रुद्ध-कपि-विषम—हूह,
विच्छुरितवह्नि—राजीवनयन-हत-लक्ष्य-बाण,
लोहितलोचन-रावण-मदमोचन-महीयान,
राघव-लाघव-रावण-वारण—गत-युग्म-प्रहर,
उद्धत-लंकापति-मर्दित-कपि-दल-बल-विस्तर,
अनिमेष-राम-विश्वजिद्दिव्य-शर-भंग-भाव,—
विद्धांग-बद्ध-कोदंड-मुष्टि—खर-रुधिर-स्राव,
रावण-प्रहार-दुर्वार-विकल-वानर दल-बल,—
मूर्च्छित-सुग्रीवांगद-भीषण-गवाक्ष-गय-नल,
वारित-सौमित्र-भल्लपति—अगणित-मल्ल-रोध,
गर्ज्जित-प्रलयाब्धि—क्षुब्ध—हनुमत्-केवल-प्रबोध,
उद्गीरित-वह्नि-भीम-पर्वत-कपि-चतुः प्रहर,
जानकी-भीरु-उर—आशाभर—रावण-सम्वर।
लौटे युग-दल। राक्षस-पदतल पृथ्वी टलमल,
बिंध महोल्लास से बार-बार आकाश विकल।

वानर-वाहिनी खिन्न, लख निज-पति-चरण-चिह्न
चल रही शिविर की ओर स्थविर-दल ज्यों विभिन्न;
प्रशमित है वातावरण; नमित-मुख सांध्य कमल
लक्ष्मण चिंता-पल, पीछे वानर-वीर सकल;
रघुनायक आगे अवनी पर नवनीत-चरण,
श्लथ धनु-गुण है कटिबंध स्रस्त—तूणीर-धरण,
दृढ़ जटा-मुकुट हो विपर्यस्त प्रतिलट से खुल
फैला पृष्ठ पर, बाहुओं पर, वक्ष पर, विपुल
उतरा ज्यों दुर्गम पर्वत पर नैशांधकार,
चमकती दूर ताराएँ ज्यों हों कहीं पार।
आए सब शिविर, सानु पर पर्वत के, मंथर,
सुग्रीव, विभीषण, जांबवान आदिक वानर,
सेनापति दल-विशेष के, अंगद, हनुमान
नल, नील, गवाक्ष, प्रात के रण का समाधान
करने के लिए, फेर वानर-दल आश्रय-स्थल।
बैठे रघु-कुल-मणि श्वेत शिला पर; निर्मल जल
ले आए कर-पद-क्षालनार्थ पटु हनुमान;
अन्य वीर सर के गए तीर संध्या-विधान—
वंदना ईश की करने को, लौटे सत्वर,
सब घेर राम को बैठे आज्ञा को तत्पर।
पीछे लक्ष्मण, सामने विभीषण, भल्लधीर,
सुग्रीव, प्रांत पर पाद-पद्म के महावीर;
यूथपति अन्य जो, यथास्थान, हो निर्निमेष
देखते राम का जित-सरोज-मुख-श्याम-देश।
है अमानिशा; उगलता गगन घन अंधकार;
खो रहा दिशा का ज्ञान; स्तब्ध है पवन-चार;
अप्रतिहत गरज रहा पीछे अंबुधि विशाल;

भूधर ज्यों ध्यान-मग्न; केवल जलती मशाल।
स्थिर राघवेंद्र को हिला रहा फिर-फिर संशय,
रह-रह उठता जग जीवन में रावण-जय-भय;
जो नहीं हुआ आज तक हृदय रिपु-दम्य-श्रांत,—
एक भी, अयुत-लक्ष में रहा जो दुराक्रांत,
कल लड़ने को हो रहा विकल वह बार-बार,
असमर्थ मानता मन उद्यत हो हार-हार।
ऐसे क्षण अंधकार घन में जैसे विद्युत
जागी पृथ्वी-तनया-कुमारिका-छवि, अच्युत
देखते हुए निष्पलक, याद आया उपवन
विदेह का,—प्रथम स्नेह का लतांतराल मिलन
नयनों का—नयनों से गोपन—प्रिय संभाषण,
पलकों का नव पलकों पर प्रथमोत्थान-पतन,
काँपते हुए किसलय,—झरते पराग-समुदय,
गाते खग-नव-जीवन-परिचय,—तरु मलय—वलय,
ज्योति प्रपात स्वर्गीय,—ज्ञात छवि प्रथम स्वीय,
जानकी—नयन—कमनीय प्रथम कम्पन तुरीय।
सिहरा तन, क्षण-भर भूला मन, लहरा समस्त,
हर धनुर्भंग को पुनर्वार ज्यों उठा हस्त,
फूटी स्मिति सीता-ध्यान-लीन राम के अधर,
फिर विश्व-विजय-भावना हृदय में आई भर,
वे आए याद दिव्य शर अगणित मंत्रपूत,—
फड़का पर नभ को उड़े सकल ज्यों देवदूत,
देखते राम, जल रहे शलभ ज्यों रजनीचर,
ताड़का, सुबाहु, विराध, शिरस्त्रय, दूषण, खर;
फिर देखी भीमा मूर्ति आज रण देखी जो
आच्छादित किए हुए सम्मुख समग्र नभ को,

ज्योतिर्मय अस्त्र सकल बुझ-बुझकर हुए क्षीण,
पा महानिलय उस तन में क्षण में हुए लीन,
लख शंकाकुल हो गए अतुल-बल शेष-शयन,—
खिंच गए दृगों में सीता के राममय नयन;
फिर सुना—हँस रहा अट्टहास रावण खलखल,
भावित नयनों से सजल गिरे दो मुक्ता-दल।
बैठे मारुति देखते राम—चरणारविंद
युग 'अस्ति-नास्ति' के एक-रूप, गुण-गण—अनिंद्य;
साधना-मध्य भी साम्य—वाम-कर दक्षिण-पद,
दक्षिण-कर-तल पर वाम चरण, कपिवर गद्-गद्
पा सत्य, सच्चिदानंदरूप, विश्राम-धाम,
जपते सभक्ति अजपा विभक्त हो राम-नाम।
युग चरणों पर आ पड़े अस्तु वे अश्रु युगल,
देखा कपि ने, चमके नभ में ज्यों तारादल;
ये नहीं चरण राम के, बने श्यामा के शुभ,—
सोहते मध्य में हीरक युग या दो कौस्तुभ;
टूटा वह तार ध्यान का, स्थिर मन हुआ विकल,
संदिग्ध भाव की उठी दृष्टि, देखा अविकल
बैठे वे वही कमल-लोचन, पर सजल नयन,
व्याकुल-व्याकुल कुछ चिर-प्रफुल्ल मुख, निश्चेतन।
'ये अश्रु राम के' आते ही मन में विचार,
उद्वेल हो उठा शक्ति-खेल-सागर अपार,
हो श्वसित पवन-उनचास, पिता-पक्ष से तुमुल,
एकत्र वक्ष पर बहा वाष्प को उड़ा अतुल,
शत घूर्णावर्त, तरंग-भंग उठते पहाड़,
जल राशि-राशि जल पर चढ़ता खाता पछाड़
तोड़ता बंध—प्रतिसंध धरा, हो स्फीत-वक्ष

दिग्विजय-अर्थ प्रतिपल समर्थ बढ़ता समक्ष।
शत-वायु-वेग-बल, डुबा अतल में देश-भाव,
जलराशि विपुल मथ मिला अनिल में महाराव
वज्रांग तेजघन बना पवन को, महाकाश
पहुँचा, एकादशरुद्र क्षुब्ध कर अट्टहास।
रावण-महिमा श्मामा विभावरी-अंधकार,
यह रुद्र राम-पूजन-प्रताप तेज:प्रसार;
उस ओर शक्ति शिव की जो दशस्कंध-पूजित,
इस ओर रुद्र-वंदन जो रघुनंदन-कूजित;
करने को ग्रस्त समस्त व्योम कपि बढ़ा अटल,
लख महानाश शिव अचल हुए क्षण-भर चंचल,
श्यामा के पदतल भारधरण हर मंद्रस्वर
बोले—"संबरो देवि, निज तेज, नहीं वानर
यह,—नहीं हुआ शृंगार-युग्म-गत, गहावीर,
अर्चना राम की मूर्तिमान अक्षय-शरीर,
चिर-ब्रह्मचर्य-रत, ये एकादश रुद्र धन्य,
मर्यादा-पुरुषोत्तम के सर्वोत्तम, अनन्य
लीलासहचर, दिव्यभावधर, इन पर प्रहार
करने पर होगी देवि, तुम्हारी विषम हार;
विद्या का ले आश्रय इस मन को दो प्रबोध,
झुक जाएगा कपि, निश्चय होगा दूर रोध।
कह हुए मौन शिव; पवन-तनय में भर विस्मय
सहसा नभ में अंजना-रूप का हुआ उदय;
बोली माता—"तुमने रवि को जब लिया निगल
तब नहीं बोध था तुम्हें, रहे बालक केवल;
यह वही भाव कर रहा तुम्हें व्याकुल रह-रह,
यह लज्जा की है बात कि माँ रहती सह-सह;

यह महाकाश, है जहाँ वास शिव का निर्मल—
पूजते जिन्हें श्रीराम, उसे ग्रसने को चल
क्या नहीं कर रहे तुम अनर्थ?—सोचो मन में;
क्या दी आज्ञा ऐसी कुछ श्रीरघुनंदन ने?
तुम सेवक हो, छोड़कर धर्म कर रहे कार्य—
क्या असंभाव्य हो यह राघव के लिए धार्य?
कपि हुए नम्र, क्षण में माताछवि हुई लीन,
उतरे धीरे-धीरे, गह प्रभु-पद हुए दीन।
राम का विषण्णानन देखते हुए कुछ क्षण,
''हे सखा'', विभीषण बोले, "आज प्रसन्न वदन
वह नहीं, देखकर जिसे समग्र वीर वानर—
भल्लूक विगत-श्रम हो पाते जीवन—निर्जर;
रघुवीर, तीर सब वही तूण में हैं रक्षित,
है वही वक्ष, रण-कुशल हस्त, बल वही अमित,
हैं वही सुमित्रानंदन मेघनाद-जित-रण,
हैं वही भल्लपति, वानरेंद्र सुग्रीव प्रमन,
तारा-कुमार भी वही महाबल श्वेत धीर,
अप्रतिभट वही एक—अर्बुद-सम, महावीर,
है वही दक्ष सेना-नायक, है वही समर,
फिर कैसे असमय हुआ उदय यह भाव-प्रहर?
रघुकुल गौरव, लघु हुए जा रहे तुम इस क्षण,
तुम फेर रहे हो पीठ हो रहा जब जय रण!
कितना श्रम हुआ व्यर्थ! आया जब मिलन-समय,
तुम खींच रहे हो हस्त जानकी से निर्दय!
रावण, रावण, लंपट, खल, कल्मष-गताचार,
जिसने हित कहते किया मुझे पाद-प्रहार,
बैठा उपवन में देगा दु:ख सीता को फिर,—

कहता रण की जय-कथा पारिषद-दल से घिर;—
सुनता वसंत में उपवन में कल-कूजित पिक
मैं बना किंतु लंकापति, धिक्, राघव, धिक् धिक्!
सब सभा रही निस्तब्ध : राम के स्तिमित नयन
छोड़ते हुए, शीतल प्रकाश देखते विमन,
जैसे ओजस्वी शब्दों का जो था प्रभाव
उससे न इन्हें कुछ चाव, न हो कोई दुराव;
ज्यों हों वे शब्द मात्र,—मैत्री की समनुरक्ति,
पर जहाँ गहन भाव के ग्रहण की नहीं शक्ति।
कुछ क्षण तक रहकर मौन सहज निज कोमल स्वर
बोले रघुमणि—मित्रवर, विजय होगी न समर;
यह नहीं रहा नर-वानर का राक्षस से रण,
उतरीं पा महाशक्ति रावण से आमंत्रण;
अन्याय जिधर, हैं उधर शक्ति! कहते छल-छल
हो गए नयन, कुछ बूँद पुनः ढलके दृगजल,
रुक गया कंठ, चमका लक्ष्मण-तेजः प्रचंड,
धँस गया धरा में कपि गह युग पद मसक दंड,
स्थिर जांबवान,—समझते हुए ज्यों सकल भाव,
व्याकुल सुग्रीव,—हुआ उर में ज्यों विषम घाव,
निश्चित-सा करते हुए विभीषण कार्य-क्रम,
मौन में रहा यों स्पंदित वातावरण विषम।
निज सहज रूप में संयत हो जानकी-प्राण
बोले—"आया न समझ में यह दैवी विधान;
रावण, अधर्मरत भी, अपना, मैं हुआ अपर—
यह रहा शक्ति का खेल समर, शंकर, शंकर!
करता मैं योजित बार-बार शर-निकर निशित
हो सकती जिनसे यह संसृति संपूर्ण विजित,

जो तेज:पुंज, सृष्टि की रक्षा का विचार
है जिनमें निहित पतनघातक संस्कृति अपार—
शत-शुद्धि-बोध—सूक्ष्मातिसूक्ष्म मन का विवेक,
जिनमें है क्षात्रधर्म का धृत पूर्णाभिषेक,
जो हुए प्रजापतियों से संयम से रक्षित,
वे शर हो गए आज रण में श्रीहत, खंडित!
देखा, हैं महाशक्ति रावण को लिए अंक,
लांछन को ले जैसे शशांक नभ में अशंक;
हत मंत्रपूत शर संवृत करतीं बार-बार,
निष्फल होते लक्ष्य पर क्षिप्र वार पर वार!
विचलित लख कपिदल, क्रुद्ध युद्ध को मैं ज्यों-ज्यों,
झक-झक झलकती वह्नि वामा के दृग त्यों-त्यों,
पश्चात्, देखने लगीं मुझे, बँध गए हस्त,
फिर खिंचा न धनु, मुक्त ज्यों बँधा मैं हुआ त्रस्त!
कह हुए भानुकुलभूषण वहाँ मौन क्षण-भर,
बोले विश्वस्त कंठ से जांबवान—रघुवर,
विचलित होने का नहीं देखता मैं कारण,
हे पुरुष-सिंह, तुम भी यह शक्ति करो धारण,
आराधन का दृढ़ आराधन से दो उत्तर,
तुम वरो विजय संयत प्राणों से प्राणों पर;
रावण अशुद्ध होकर भी यदि कर सका त्रस्त
तो निश्चय तुम हो सिद्ध करोगे उसे ध्वस्त,
शक्ति की करो मौलिक कल्पना, करो पूजन,
छोड़ दो समर जब तक न सिद्धि हो, रघुनंदन!
तब तक लक्ष्मण हैं महावाहिनी के नायक
मध्य भाग में, अंगद दक्षिण-श्वेत सहायक,
मैं भल्ल-सैन्य; हैं वाम पार्श्व में हनूमान,

नल, नील और छोटे कपिगण—उनके प्रधान;
सुग्रीव, विभीषण, अन्य यूथपति यथासमय
आएँगे रक्षाहेतु जहाँ भी होगा भय।"
खिल गई सभा। ''उत्तम निश्चय यह, भल्लनाथ!"
कह दिया वृद्ध को मान राम ने झुका माथ।
हो गए ध्यान में लीन पुनः करते विचार,
देखते सकल-तन पुलकित होता बार-बार।
कुछ समय अनंतर इंदीवर निंदित लोचन
खुल गए, रहा निष्पलक भाव में मज्जित मन।
बोले आवेग-रहित स्वर से विश्वास-स्थित—
मातः, दशभुजा, विश्व-ज्योतिः, मैं हूँ आश्रित;
हो विद्ध शक्ति से है खल महिषासुर मर्दित,
जनरंजन-चरण-कमल-तल, धन्य सिंह गर्ज्जित!
यह, यह मेरा प्रतीक, मातः, समझा इंगित;
मैं सिंह, इसी भाव से करूँगा अभिनंदित।"
कुछ समय स्तब्ध हो रहे राम छवि में निमग्न,
फिर खोले पलक कमल-ज्योतिर्दल ध्यान-लग्न;
हैं देख रहे मंत्री, सेनापति, वीरासन
बैठे उमड़ते हुए, राघव का स्मित आनन।
बोले भावस्थ चंद्र-मुख-निंदित रामचंद्र,
प्राणों में पावन कंपन भर, स्वर मेघमंद्र—
"देखो, बंधुवर सामने स्थित जो यह भूधर
शोभित शत-हरित-गुल्म-तृण से श्यामल सुंदर,
पार्वती कल्पना हैं। इसकी, मकरंद-बिंदु;
गरजता चरण-प्रांत पर सिंह वह, नहीं सिंधु;
दशदिक-समस्त हैं हस्त, और देखो ऊपर,
अंबर में हुए दिगंबर अर्चित शशि-शेखर;

लख महाभाव-मंगल पदतल धँस रहा गर्व—
मानव के मन का असुर मंद, हो रहा खर्व''
फिर मधुर दृष्टि से प्रिय कपि को खींचते हुए—
बोले प्रियतर स्वर से अंतर सींचते हुए
"चाहिए हमें एक सौ आठ, कपि, इंदीवर,
कम-से-कम अधिक और हों, अधिक और सुंदर,
जाओ देवीदह, उषःकाल होते सत्वर,
तोड़ो, लाओ वे कमल, लौटकर लड़ो समर।"
अवगत हो जांबवान से पथ, दूरत्व, स्थान,
प्रभु-पद-रज सिर धर चले हर्ष भर हनूमान।
राघव ने विदा किया सबको जानकर समय,
सब चले सदय राम की सोचते हुए विजय।
निशि हुई विगत: नभ के ललाट पर प्रथम किरण
फूटी, रघुनंदन के दृग महिमा-ज्योति-हिरण;
है नहीं शरासन आज हस्त-तूणीर स्कंध,
वह नहीं सोहता निविड़-जटा दृढ़ मुकुट-बंध;
सुन पड़ता सिंहनाद,—रण-कोलाहल अपार,
उमड़ता नहीं मन, स्तब्ध सुधी हैं ध्यान धार;
पूजोपरांत जपते दुर्गा, दशभुजा नाम,
मन करते हुए मनन नामों के गुणग्राम;
बीता वह दिवस, हुआ मन स्थिर इष्ट के चरण,
गहन-से-गहनतर होने लगा समाराधन।
क्रम-क्रम से हुए पार राघव के पंच दिवस,
चक्र से चक्र मन चढ़ता गया ऊर्ध्व निरलस;
कर-जप पूरा कर एक चढ़ाते इंदीवर,
निज पुरश्चरण इस भाँति रहे हैं पूरा कर।
चढ़ षष्ठ दिवस आज्ञा पर हुआ समाहित मन,

प्रति जप से खिंच-खिंच होने लगा महाकर्षण;
संचित त्रिकुटी पर ध्यान द्विदल देवी-पद पर,
जप के स्वर लगा काँपने थर-थर-थर अंबर;
दो दिन-निष्पंद एक आसन पर रहे राम,
अर्पित करते इंदीवर, जपते हुए नाम;
आठवाँ दिवस, मन ध्यान-युक्त चढ़ता ऊपर
कर गया अतिक्रम ब्रह्मा-हरि-शंकर का स्तर,
हो गया विजित ब्रह्मांड पूर्ण, देवता स्तब्ध,
हो गए दग्ध जीवन के तप के समारब्ध,
रह गया एक इंदीवर, मन देखता-पार
प्रायः करने को हुआ दुर्ग जो सहस्रार,
द्विप्रहर रात्रि, साकार हुईं दुर्गा छिपकर,
हँस उठा ले गई पूजा का प्रिय इंदीवर।
यह अंतिम जप, ध्यान में देखते चरण युगल
राम ने बढ़ाया कर लेने को नील कमल;
कुछ लगा न हाथ, हुआ सहसा स्थिर मन चंचल
ध्यान की भूमि से उतरे, खोले पलक विमल,
देखा, वह रिक्त स्थान, यह जप का पूर्ण समय
आसन छोड़ना असिद्धि, भर गए नयनद्वयः—
"धिक् जीवन को जो पाता ही आया विरोध,
धिक् साधन, जिसके लिए सदा ही किया शोध!
जानकी! हाय, उद्धार प्रिया का न हो सका।"
वह एक और मन रहा राम का जो न थका;
जो नहीं जानता दैन्य, नहीं जानता विनय
कर गया भेद वह मायावरण प्राप्त कर जय,
बुद्धि के दुर्ग पहुँचा, विद्युत्-गति हतचेतन
राम में जगी स्मृति, हुए सजग पा भाव प्रमन।

“यह है उपाय” कह उठे राम ज्यों मंद्रित घन—
“कहती थीं माता मुझे सदा राजीवनयन!
दो नील कमल हैं शेष अभी, यह पुरश्चरण
पूरा करता हूँ देकर मातः एक नयन।’’
कहकर देखा तूणीर ब्रह्मशर रहा झलक,
ले लिया हस्त, लक-लक करता वह महाफलक;
ले अस्त्र वाम कर, दक्षिण कर दक्षिण लोचन
ले अर्पित करने को उद्यत हो गए सुमन।
जिस क्षण बँध गया बेधने को दृग दृढ़ निश्चय,
काँपा ब्रह्मांड, हुआ देवी का त्वरित उदय :—
‘‘साधु, साधु, साधक धीर, धर्म-धन धन्य राम!”
कह लिया भगवती ने राघव का हस्त थाम।
देखा राम ने—सामने श्री दुर्गा, भास्वर
वाम पद असुर-स्कंध पर, रहा दक्षिण हरि पर:
ज्योतिर्मय रूप, हस्त दश विविध अस्त्र-सज्जित,
मंद स्मित मुख, लख हुई विश्व की श्री लज्जित,
हैं दक्षिण में लक्ष्मी, सरस्वती वाम भाग,
दक्षिण गणेश, कार्तिक बाएँ रण-रंग राग,
मस्तक पर शंकर। पदपद्मों पर श्रद्धाभर
श्री राघव हुए प्रणत मंदस्वर वंदन कर।
’’होगी जय, होगी जय, हे पुरुषोत्तम नवीन!’’
कह महाशक्ति राम के वदन में हुईं लीन।

(3) कुकुरमुत्ता

एक

एक थे नव्वाब,
फ़ारस के मँगाए थे गुलाब।
बड़ी बाड़ी में लगाए
देशी पौधे भी उगाए
रखे माली कई नौकर
ग़ज़नवी का बाग़ मनहर
लग रहा था।
एक सपना जग रहा था
साँस पर तहज़ीब की,
गोद पर तरतीब की।
क्यारियाँ सुंदर बनी
चमन में फैली घनी।
फूलों के पौधे वहाँ
लग रहे थे ख़ुशनुमा।
बेला, गुलशब्बो, चमेली, कामिनी,
जुही, नरगिस, रातरानी, कमलिनी,
चंपा, गुलमेहंदी, गुलखैरू, गुलअब्बास,
गेंदा, गुलदाऊदी, निवाड़ी, गंधराज,

और कितने फूल, फ़व्वारे कई,
रंग अनेकों—सुर्ख़, धानी, चंपई,
आसमानी, सब्ज़, फ़ीरोज़ी, सफ़ेद,
ज़र्द, बादामी, बसंती, सभी भेद।
फलों के भी पेड़ थे,
आम, लीची, संतरे और फालसे।
चटकती कलियाँ, निकलती मृदुल गंध,
गले लगकर हवा चलती मंद-मंद,
चहकते बुलबुल, मचलती टहनियाँ,
बाग़ चिड़ियों का बना था आशियाँ।
साफ़ राहें, सरो दोनों ओर,
दूर तक फैले हुए कुल छोर,
बीच में आरामगाह
दे रही थी बड़प्पन की थाह।
कहीं झरने, कहीं छोटी-सी पहाड़ी,
कहीं सुथरा चमन, नक़ली कहीं झाड़ी।

आया मौसिम, खिला फ़ारस का गुलाब,
बाग़ पर उसका पड़ा था रोबोदाब;
वहीं गंदे में उगा देता हुआ बुत्ता
पहाड़ी से उठे-सर ऐंठकर बोला कुकुरमुत्ता—
"अबे, सुन बे, गुलाब,
भूल मत जो पाई ख़ुशबू, रंगोआब,
ख़ून चूसा खाद का तूने अशिष्ट,
डाल पर इतराता है केपीटलिस्ट!
कितनों को तूने बनाया है ग़ुलाम,
माली कर रक्खा, सहाया जाड़ा-घाम,
हाथ जिसके तू लगा,

पैर सर रखकर व' पीछे को भगा
औरत की जानिब मैदान यह छोड़कर,
तबेले को टट्टू जैसे तोड़कर,
शाहों, राजों, अमीरों का रहा प्यारा
तभी साधारणों से तू रहा न्यारा।
वरना क्या तेरी हस्ती है, पोच तू
काँटों ही से भरा है यह सोच तू
कली जो चटकी अभी
सूखकर काँटा हुई होती कभी।
रोज़ पड़ता रहा पानी,
तू हरामी ख़ानदानी।
चाहिए तुझको सदा मेहरुन्निसा
जो निकाले इत्र, रू, ऐसी दिशा
बहाकर ले चले लोगों को, नहीं कोई किनारा
जहाँ अपना नहीं कोई भी सहारा
ख़्वाब में डूबा चमकता हो सितारा
पेट में डंड पेले हों चूहे, ज़बाँ पर लफ़्ज़ प्यारा।

देख मुझको, मैं बढ़ा
डेढ़ बालिश्त और ऊँचे पर चढ़ा
और अपने से उगा मैं
बिना दाने का चुगा मैं
क़लम मेरा नहीं लगता
मेरा जीवन आप जगता
तू है नक़ली, मैं हूँ मौलिक
तू है बकरा, मैं हूँ कौलिक
तू रँगा और मैं धुला
पानी मैं, तू बुल्बुला

तूने दुनिया को बिगाड़ा
मैंने गिरते से उभाड़ा
तूने रोटी छीन ली ज़नख़ा बनाकर
एक की दीं तीन मैंने गुन सुनाकर।

काम मुझ ही से सधा है
शेर भी मुझसे गधा है।
चीन में मेरी नक़ल, छाता बना
छत्र भारत का वही, कैसा तना
सब जगह तू देख ले
आज का फिर रूप पैराशूट ले।
विष्णु का मैं ही सुदर्शनचक्र हूँ।
काम दुनिया में पड़ा ज्यों, वक्र हूँ।
उलट दे, मैं ही जसोदा की मथानी
और भी लंबी कहानी—
सामने ला, कर मुझे बेंड़ा
देख कैंड़ा।
तीर से खींचा धनुष मैं राम का।
काम का—
पड़ा कंधे पर हूँ हल बलराम का।
सुबह का सूरज हूँ मैं ही
चाँद मैं ही शाम का।
कलजुगी मैं ढाल
नाव का मैं तला नीचे और ऊपर पाल।
मैं ही डाँड़ी से लगा पल्ला
सारी दुनिया तोलती गल्ला
मुझसे मूँछे, मुझसे कल्ला
मेरे लल्लू, मेरे लल्ला

कहे रुपया या अधन्ना
हो बनारस या न्यवन्ना
रूप मेरा, मैं चमकता
गोला मेरा ही बमकता।
लगाता हूँ पार मैं ही
डुबाता मँझदार मैं ही।
डब्बे का मैं ही नमूना
पान मैं ही, मैं ही चूना।
मैं कुकुरमुत्ता हूँ,
पर बेन्ज़ाइन (Bengoin) वैसे
बने दर्शनशास्त्र जैसे।
ओम्फलस (Omphalos) और ब्रह्मावर्त
वैसे ही दुनिया के गोले और पर्त
जैसे सिकुड़न और साड़ी,
ज्यों सफ़ाई और माड़ी।
कास्मोपॉलीटन् और मेट्रोपालीटन्
जैसे फ्रायड् और लीटन्।
फ़ेलसी और फ़लसफ़ा
ज़रूरत और हो रफ़ा।
सरसता में फ़्राड
केपीटल में जैसे लेनिनग्राड।
सच समझ जैसे रक़ीब
लेखकों में लंठ जैसे ख़ुशनसीब।

मैं डबल जब, बना डमरू
इकबग़ल, तब बना वीणा।
मंद्र होकर कभी निकला
कभी बनकर ध्वनि क्षीणा।

मैं पुरुष और मैं ही अबला।
मैं मृदंग और मैं ही तबला।
चुन्ने ख़ाँ के हाथ का मैं ही सितार
दिगंबर का तानपूरा, हसीना का सुरबहार।
मैं ही लायर, लीरिक मुझसे ही बने
संस्कृत, फ़ारसी, अरबी, ग्रीक, लैटिन के जने
मंत्र, ग़ज़लें, गीत मुझसे ही हुए शैदा
जीते हैं, फिर मरते हैं, फिर होते हैं पैदा।
वायलिन मुझसे बजा
बेंजो मुझसे सजा।
घंटा, घंटी, ढोल, डफ, घड़ियाल,
शंख, तुरही, मजीरे, करताल,
कारनेट्, क्लेरीअनेट्, ड्रम, फ़्लूट, गीटर,
बजाने वाले हसन ख़ाँ, बुद्ध, पीटर,
मानते हैं सब मुझे ए बाएँ से,
जानते हैं दाएँ से।

ताताधिन्ना चलती है जितनी तरह
देख, सबमें लगी है मेरी गिरह।
नाच में यह मेरा ही जीवन खुला
पैरों से मैं ही तुला।
कत्थक हो या कथकली या बालडांस,
क्लियोपेट्रा, कमल-भौंरा, कोई रोमांस
बहेलिया हो, मोर हो, मणिपुरी, गरबा,
पैर, माझा, हाथ, गरदन, भौहें मटका
नाच अफ़्रीकन हो या यूरोपीयन,
सब में मेरी ही गढ़न।
किसी भी तरह का हावभाव,

मेरा ही रहता है, सबमें ताव।
मैंने बदले पैंतरे,
जहाँ भी शासक लड़े।
पर हैं प्रोलेटेरियन झगड़े जहाँ,
मियाँ-बीवी के, क्या कहना है वहाँ।
नाचता है सूदख़ोर जहाँ कहीं ब्याज डुचता,
नाच मेरा क्लाईमेक्स को पहुँचता।
नहीं मेरे हाड़; काँटे, काठ या,
नहीं मेरा बदन आठोगाँठ का।
रस ही रस मैं हो रहा
सफ़ेदी को जहन्नम रोकर रहा।
दुनिया में सबने मुझी से रस चुराया,
रस में मैं डूबा-उतराया।
मुझी में ग़ोते लगाए वाल्मीकि-व्यास ने
मुझी से पोथे निकाले भास-कालिदास ने।
टुकुर-टुकुर देखा किए मेरे ही किनारे खड़े
हाफ़िज़-रवींद्र जैसे विश्वकवि बड़े-बड़े।
कहीं का रोड़ा, कहीं का पत्थर
टी. एस. एलीयट ने जैसे दे मारा
पढ़ने वालों ने भी जिगर पर रखकर
हाथ, कहा, 'लिख दिया जहाँ सारा'
ज़्यादा देखने को आँख दबाकर
शाम को किसी ने जैसे देखा तारा।
जैसे प्रोग्रेसीव का क़लम लेते ही
रोका नहीं रुकता जोश का पारा।
यहीं से यह कुल हुआ
जैसे अम्मा से बुआ।

मेरी सूरत के नमूने पीरामीड्
मेरा चेला था यूक्लीड्।
रामेश्वर, मीनाक्षी, भुवनेश्वर,
जगन्नाथ, जितने मंदिर सुंदर
मैं ही सबका जनक
जेवर जैसे कनक।
हो क़ुतुबमीनार,
ताज, आगरा या फ़ोर्ट चुनार,
विक्टोरिया मेमोरियल, कलकत्ता,
मस्जिद, बग़दाद, जुम्मा, अलबत्ता
सेंट पीटर्स गिरजा हो या घंटाघर,
गुंबदों में, गढ़न में मेरी मुहर।
एरियन हो, पर्शियन या गाथिक आर्च
पड़ती है मेरी ही टार्च।
पहले के हों, बीच के या आज के
चेहरे से पिद्दी के हों या बाज़ के।
चीन के फ़ारस के या जापान के
अमरिका के, रूस के, इटली के, इंगलिस्तान के।
ईंट के, पत्थर के हों या लकड़ी के
कहीं की भी मकड़ी के।
बुने जाले जैसे मकाँ कुल मेरे
छत्ते के हैं घेरे।

सर सभी का फाँसने वाला हूँ ट्रेप
टर्की टोपी, दुपलिया या किश्ती-केप।
और जितने, लगा जिनमें स्ट्रा या मेट,
देख, मेरी नक़्ल है अँगरेज़ी हेट।
घूमता हूँ सर चढ़ा,
तू नहीं, मैं ही बड़ा।

दो

बाग़ के बाहर पड़े थे झोंपड़े
दूर से जो दिख रहे थे अधगड़े।
जगह गंदी, रुका, सड़ता हुआ पानी
मोरियों में; ज़िंदगी की लंतरानी—
बिलबिलाते कीड़े, बिखरी हड्डियाँ
सेलरों की, परों की थीं गड्डियाँ
कहीं मुर्ग़ी, कहीं अंडे,
धूप खाते हुए कंडे।
हवा बदबू से मिली
हर तरह की बासीली पड़ गई।
रहते थे नव्वाब के ख़ादिम
अफ़्रीका के आदमी आदिम—
ख़ानसामाँ, बावर्ची और चोबदार;
सिपाही, साईस, भिश्ती, घुड़सवार,
तामजानवाले कुछ देशी कहार,
नाई, धोबी, तेली, तंबोली, कुम्हार,
फ़ीलवान, ऊँटवान, गाड़ीवान
एक ख़ासा हिंदू-मुस्लिम ख़ानदान।
एक ही रस्सी से क़िस्मत की बँधा
काटता था ज़िंदगी गिरता-सधा।
बच्चे, बुड्ढे, औरतें और नौजवान
रहते थे उस बस्ती में, कुछ बाग़बान
पेट के मारे वहाँ पर आ बसे,
साथ उनके रहे, रोए और हँसे।
एक मालिन
बीबी मोना माली की थी बंगालिन;

लड़की उसकी, नाम गोली
वह नव्वाबज़ादी की थी हमजोली।
नाम था नव्वाबज़ादी का बहार
नज़रों में सारा जहाँ फ़र्माबरदार।
सारंगी जैसी चढ़ी
पोएट्री में बोलती थी
प्रोज़ में बिल्कुल अड़ी।
गोली की माँ बंगालिन, बहुत शिष्ट
पोएट्री की स्पेशलिस्ट।
बातों जैसे मजती थी।
सारंगी वह बजती थी।
सुनकर राग, सरगम, तान
खिलती थी बहार की जान।
गोली की माँ सोचती थी—
गुरु मिला,
बिना पकड़े खींचे कान
देखादेखी बोली में
माँ की अदा सीखी नन्ही गोली ने।
इसलिए बहार वहाँ बारहोमास ।
डटी रही गोली की माँ के
कभी गोली के पास।
सुब्हो-शाम दोनों वक़्त जाती थी
ख़ुशामद से तनतनाई आती थी।
गोली डाँडी पर पासंगवाली कौड़ी।
स्टीमबोट की डोंगी, फिरती दौड़ी।
पर कहेंगे—
'साथ ही साथ वहाँ दोनों रहती थीं

अपनी-अपनी कहती थीं।
दोनों के दिल मिले थे
तारे खुले-खिले थे।
हाथ पकड़े घूमती थीं।
खिलखिलाती झूमती थीं।
इक पर इक करती थीं चोट
हँसकर होतीं लोटपोट।
सात का दोनों का सिन
ख़ुशी से कटते थे दिन।'
महल में भी गोली जाया करती थी।
जैसे यहाँ बहार आया करती थी।

एक दिन हँसकर बहार यह बोली—
"चलो, बाग़ घूम आएँ हम, गोली।"
दोनों चलीं, जैसे धूप, और छाँह
गोली के गले पड़ी बहार की बाँह।
साथ टेरियर और एक नौकरानी।
सामने कुछ औरतें भरती थीं पानी
सिटपिटाई जैसे अड़गड़े में देखा मर्द को
बाबू ने देखा हो उठती गर्द को।
निकल जाने पर बहार के, बोली
पहली दूसरी से, "देखो, वह गोली
मोना बंगाली की लड़की।
भैंस भड़की,
ऐसी उसकी माँ की सूरत
मगर है नव्वाब की आँखों में मूरत।
रोज़ जाती है महल को, जगे भाग
आँख का जब उतरा पानी, लगे आग,

रोज़ ढोया आ रहा है माल-असबाब
बन रहे हैं गहने-ज़ेवर
पकता है कलिया-कबाब।"
झटके से सिर-काँख पर फिर लिए घड़े
चली ठनकाती कड़े।
बाग़ में आई बहार
चंपे की लंबी क़तार
देखती बढ़ती गई
फूल पर अड़ती गई।
मौलसिरी की छाँह में
कुछ देर बैठी बेंच पर
फिर निगाह डाली एक रेंज पर
देखा फिर कुछ उड़ रही थीं तितलियाँ
डालों पर, कितनी चहकती थीं चिड़ियाँ।
भौंरे गूँजते, हुए मतवाले-से
उड़ गया इक मकड़ी के फँसकर बड़े-से जाले से।
फिर निगाह उठाई आसमान की ओर
देखती रही कि कितनी दूर तक छोर।
देखा, उठ रही थी धूप—
पड़ती फुनगियों पर, चमचमाया रूप।
पेड़ जैसे शाह इक-से-इक बड़े
ताज पहने, हैं खड़े।
आया माली, हाथ गुलदस्ते लिए
गुलबहार को दिए।
गोली को इक गुलदस्ता
सूँघकर हँसकर बहार ने दिया।
ज़रा बैठकर उठी, तिरछी गली

होती कुंज को चली!
देखी फ़ारांसीसी लिली
और गुलबकावली।
फिर गुलाबजामुन का बाग़ छोड़ा
तूतों के पेड़ों से बाएँ मुँह मोड़ा।
एक बग़ल की झाड़ी
बढ़ी जिधर थी बड़ी गुलाबबाड़ी।
देखा, खिल रहे थे बड़े-बड़े फूल
लहराया जी का सागर अकूल।
दुम हिलाता भागा टेरियर कुत्ता।
जैसे दौड़ी गोली चिल्लाती हुई 'कुकुरमुत्ता'।

सकपकाई, बहार देखने लगी
जैसे कुकुरमुत्ते के प्रेम से भरी गोली दग़ी।
भूल गई, उसका था गुलाब पर जो कुछ भी प्यार
सिर्फ़ वह गोली को देखती रही निगाह की धार।
टूटी गोली जैसे बिल्ली देखकर अपना शिकार
तोड़कर कुकुरमुत्तों को होती थी उनपे निसार।
बहुत उगे थे तब तक
उसने कुल अपने आँचल में
तोड़कर रखे अब तक
घूमी प्यार से
मुसकराती देखकर बोली बहार से—
"देखो जी भरकर गुलाब
हम खाएँगे कुकुरमुत्ते का कबाब।"
कुकुरमुत्ते की कहानी
सुनी उससे, जीभ में बहार की आया पानी।
पूछा "क्या इसका कबाब

होगा ऐसा भी लज़ीज़?
जितनी भाजियाँ दुनिया में
इसके सामने नाचीज़?''
गोली बोली—"जैसी ख़ुशबू
इसका वैसा ही सवाद,
खाते-खाते हर एक को
आ जाती है बिहिश्त की याद
सच समझ लो, इसका कलिया
तेल का भूना कबाब,
भाजियों में वैसा
जैसा आदमियों में नवाब।"

"नहीं ऐसा कहते री मालिन की
छोकड़ी बंगालिन की!"
डाँटा नौकरानी ने—
चढ़ी-आँख कानी ने।
लेकिन यह, कुछ एक घूँट लार के
जा चुके थे पेट में तब तक बहार के।
"नहीं-नहीं, अगर इसको कुछ कहा"
पलटकर बहार ने उसे डाँटा—
"कुकुरमुत्ते का कबाब खाना है,
इसके साथ यहाँ जाना है।"
"बता, गोली" पूछा उसने,
कुकुरमुत्ते का कबाब
वैसी ख़ुशबू देता है
जैसी कि देता है गुलाब!"
गोली ने बनाया मुँह
बाएँ घूमकर फिर एक छोटी-सी निकाली "ऊँह!"

कहा, "बकरा हो या दुंबा
मुर्ग़ या कोई परिंदा
इसके सामने सब छू:
सबसे बढ़कर इसकी ख़ुशबू।
भरता है गुलाब पानी
इसके आगे मरती है इन सबकी नानी।
चाव से गोली चली
बहार उसके पीछे हो ली,
उसके पीछे टेरियर, फिर नौकरानी
पोंछती जो आँख कानी।

चली गोली आगे जैसे डिक्टेटर
बहार उसके पीछे जैसे भुक्खड़ फ़ालोवर।
उसके पीछे दुम हिलाता टेरियर—
आधुनिक पोएट (Poet)
पीछे बाँदी बचत की सोचती
केपीटलिस्ट क्वेट।
झोंपड़ी में जल्द चलकर गोली आई
ज़ोर से 'माँ' चिल्लाई।
माँ ने दरवाज़ा खोला,
आँखों से सबको तोला।
भीतर आ डलिए में रक्खे
गोली ने वे कुकुरमुत्ते।
देखकर माँ खिल गई,
निधि जैसे मिल गई।
कहा गोली ने "अम्मा,
कलिया-कबाब जल्द बना।
पकाना मसालेदार

अच्छा, खाएँगी बहार।
पतली-पतली चपातियाँ
उनके लिए सेंक लेना।
जला ज्यों ही उधर चूल्हा,
खेलने लगीं दोनों दूल्हन-दूल्हा।
कोठरी में अलग चलकर
बाँदी की कानी को छलकर।
टेरियर था बराती
आज का गोली का साथी।
हो गई शादी की फिर दूल्हन-बहार से।
दूल्हा-गोली बातें करने लगी प्यार से।
इस तरह कुछ वक़्त बीता, खाना तैयार
हो गया, खाने चलीं गोली और बहार।
कैसे कहें भाव जो माँ की आँखों से बरसे
थाली लगाई बड़े समादर से।
खाते ही बहार ने यह फ़रमाया,
"ऐसा खाना आज तक नहीं खाया।
शौक़ से लेकर सवाद
खाती रहीं दोनों
कुकुरमुत्ते का कलिया-कबाब।
बाँदी को भी थोड़ा-सा
गोली की माँ ने कबाब परोसा।
अच्छा लगा, थोड़ा-सा कलिया भी
बाद को ला दिया,
हाथ धुलाकर देकर पान उसको बिदा किया।
कुकुरमुत्ते की कहानी
सुनी जब बहार से

नव्वाब के मुँह आया पानी।
बाँदी से की पूछताछ,
उनको हो गया विश्वास।
माली को बुला भेजा,
कहा, "कुकुरमुत्ता चलकर ले आ तू ताज़ा-ताज़ा।
माली ने कहा, हुजूर,
कुकुरमुत्ता अब नहीं रहा है, अर्ज़ हो मंजूर,
रहे हैं अब सिर्फ़ गुलाब।
गुस्सा आया, काँपने लगे नव्वाब।
बोले, चल, गुलाब जहाँ थे, उगा,
सबके साथ हम भी चाहते हैं अब कुकुरमुत्ता।
बोला माली, फ़रमाएँ मआफ़ ख़ता,
कुकुरमुत्ता अब उगाया नहीं उगता।

(4) तोड़ती पत्थर

वह तोड़ती पत्थर;
देखा उसे मैंने इलाहाबाद के पथ पर—
वह तोड़ती पत्थर।
कोई न छायादार
पेड़ वह जिसके तले बैठी हुई स्वीकार;
श्याम तन, भर बँधा यौवन,
नत नयन प्रिय, कर्म-रत मन,
गुरु हथौड़ा हाथ,
करती बार-बार प्रहार :—
सामने तरु-मालिका अट्टालिका, प्राकार।
चढ़ रही थी धूप;
गर्मियों के दिन
दिवा का तमतमाता रूप;
उठी झुलसाती हुई लू,
रुई ज्यों जलती हुई भू,
गर्द चिनगीं छा गईं,
प्राय: हुई दुपहर :—
वह तोड़ती पत्थर।
देखते देखा मुझे तो एक बार
उस भवन की ओर देखा, छिन्नतार;

देखकर कोई नहीं,
देखा मुझे उस दृष्टि से
जो मार खा रोई नहीं,
सजा सहज सितार,
सुनी मैंने वह नहीं जो थी सुनी झंकार
एक क्षण के बाद वह काँपी सुघर,
ढुलक माथे से गिरे सीकर,
लीन होते कर्म में फिर ज्यों कहा—
'मैं तोड़ती पत्थर।'

(5) सच है

यह सच है :—
तुमने जो दिया दान दान वह,
हिंदी के हित का अभिमान वह,
जनता का जन-ताका ज्ञान वह,
सच्चा कल्याण वह अथच है—
यह सच है!
बार बार हार हार मैं गया,
खोजा जो हार क्षार में नया, —
उड़ी धूल, तन सारा भर गया,
नहीं फूल, जीवन अविकच है—
यह सच है!

(6) जल्द-जल्द पैर बढ़ाओ

जल्द-जल्द पैर बढ़ाओ, आओ, आओ।
आज अमीरों की हवेली
किसानों की होगी पाठशाला,
धोबी, पासी, चमार, तेली
खोलेंगे अँधेरे का ताला,
एक पाठ पढ़ेंगे, टाट बिछाओ।
यहाँ जहाँ सेठ जी बैठे थे
बनिए की आँख दिखाते हुए,
उनके ऐंठाए ऐंठे थे
धोखे पर धोखा खाते हुए,
बैंक किसानों का खुलाओ।
सारी संपत्ति देश की हो,
सारी आपत्ति देश की बने,
जनता जातीय वेश की हो,
वाद से विवाद यह ठने,
काँटा काँटे से कढ़ाओ।

(7) राजे ने अपनी रखवाली की

राजे ने अपनी रखवाली की;
क़िला बनाकर रहा;
बड़ी-बड़ी फ़ौजें रखीं।
चापलूस कितने सामंत आए।
मतलब की लकड़ी पकड़े हुए।
कितने ब्राह्मण आए
पोथियों में जनता को बाँधे हुए।
कवियों ने उसकी बहादुरी के गीत गाए,
लेखकों ने लेख लिखे,
ऐतिहासिकों ने इतिहासों के पन्ने भरे,
नाट्यकलाकारों ने कितने नाटक रचे,
रंगमंच पर खेले।
जनता पर जादू चला राजे के समाज का।
लोक-नारियों के लिए रानियाँ आदर्श हुईं।
धर्म का बढ़ावा रहा धोखे से भरा हुआ।
लोहा बजा धर्म पर, सभ्यता के नाम पर।
ख़ून की नदी बही।
आँख-कान मूँदकर जनता ने डुबकियाँ लीं।
आँख खुली-राजे ने अपनी रखवाली की।

(8) विनय

पथ पर मेरा जीवन भर दो,
बादल हे, अनंत अंबर के!
बरस सलिल, गति ऊर्मिल कर दो!
तट हों विटप छाँह के, निर्जन,
सस्मित-कलिदल-चुंबित-जलकण,
शीतल शीतल बहे समीरण,
कूजें द्रुम-विहंगगण, वर दो!
दूर ग्राम की कोई वामा
आए मंद चरण अभिरामा,
उतरे जल में अवसन श्यामा,
अंकित उर छबि सुंदरतर हो!

(9) बापू के प्रति

बापू, तुम मुर्ग़ी खाते यदि,
तो क्या भजते होते तुमको
ऐरे-ग़ैरे नत्थू-ख़ैरे— ?—
सर के बल खड़े हुए होते
हिंदी के इतने लेखक-कवि,
बापू, तुम मुर्ग़ी खाते यदि?
बापू, तुम मुर्ग़ी खाते यदि,
तो लोकमान्य से क्या तुमने
लोहा भी कभी लिया होता?—
दक्खिन में हिंदी चलवाकर
लिखते हिंदुस्तानी की छवि,
बापू, तुम मुर्ग़ी खाते यदि?
बापू, तुम मुर्ग़ी खाते यदि
तो क्या अवतार हुए होते
कुल के कुल कायथ-बनियों के?
दुनिया के सबसे बड़े पुरुष
आदम-भेड़ों के होते भी!
बापू, तुम मुर्ग़ी खाते यदि?
बापू, तुम मुर्ग़ी खाते यदि
तो क्या पटेल, राजन, टंडन,

गोपालाचारी भी भजते?—
भजता होता तुमको मैं औ'
मेरी प्यारी अल्लारक्खी,
बापू, तुम मुर्ग़ी खाते यदि!

(10) गर्म पकौड़ी

गर्म पकौड़ी—
ऐ गर्म पकौड़ी!
तेल की भुनी,
नमक-मिर्च की मिली,
ऐ गर्म पकौड़ी!
मेरी जीभ जल गई,
सिसकियाँ निकल रहीं,
लार की बूँदें कितनी टपकीं,
पर दाढ़ तले तुझे दबा ही रक्खा मैंने
कंजूस ने ज्यों कौड़ी।
पहले तूने मुझको खींचा,
दिल लेकर फिर कपड़े-सा फींचा,
अरी, तेरे लिए छोड़ी
बम्हन की पकाई
मैंने घी की कचौड़ी।

(11) प्रेम संगीत

बम्हन का लड़का
मैं उसको प्यार करता हूँ।
जात की कहारिन वह,
मेरे घर की है पनहारिन वह,
आती है होते तड़का,
उसके पीछे मैं मरता हूँ।
कोयल-सी काली, अरे,
चाल नहीं उसकी मतवाली,
ब्याह नहीं हुआ, तभी भड़का,
दिल मेरा, मैं आहें भरता हूँ।
रोज़ आकर जगाती है सबको,
मैं ही समझता हूँ इस ढब को,
ले जाती है मटका बड़का,
मैं देख-देककर धीरज धरता हूँ।

(12) मुझे स्नेह क्या मिल न सकेगा?

मुझे स्नेह क्या मिल न सकेगा ?
स्तब्ध, दग्ध मेरे मरु का तरु
क्या करुणाकर खिल न सकेगा ?
जग के दूषित बीज नष्ट कर,
पुलक-स्पंद भर, खिला स्पष्टतर,
कृपा-समीरण बहने पर, क्या
कठिन हृदय यह हिल न सकेगा ?
मेरे दु:ख का भार, झुक रहा,
इसीलिए प्रति चरण रुक रहा,
स्पर्श तुम्हारा मिलने पर, क्या
महाभार यह झिल न सकेगा ?

(13) रानी और कानी

माँ उसको कहती है रानी
आदर से, जैसा है नाम;
लेकिन उसका उल्टा रूप,
चेचक के दाग़, काली, नक-चिपटी,
गंजा-सर, एक आँख कानी।
रानी अब हो गई सयानी,
बीनती है, काँड़ती है, कूटती है, पीसती है,
डलियों के सीले अपने रूखे हाथों मीसती है,
घर बुहारती है, करकट फेंकती है,
और घड़ों भरती है पानी;
फिर भी माँ का दिल बैठा रहा,
एक चोर घर में पैठा रहा,
सोचती रहती है दिन-रात,
कानी की शादी की बात,
मन मसोसकर वह रहती है
जब पड़ोस की कोई कहती है—
"औरत की जात रानी,
ब्याह भला कैसे हो
कानी जो है वह!"
सुनकर कानी का दिल हिल गया,

काँपें कुल अंग,
दाईं आँख से
आँसू भी बह चले माँ के दुख से,
लेकिन वह बाईं आँख कानी
ज्यों-की-त्यों रह गई रखती निगरानी।

(14) तुलसीदास

एक

भारत के नभ का प्रभापूर्य
शीतलच्छाय सांस्कृतिक सूर्य
अस्तमित आज रे–तमस्तूर्य दिङ्मंडल;
उर के आसन पर शिरस्त्राण
शासन करते हैं मुसलमान;
है ऊर्मिल जल, निश्चलत्प्राण पर शतदल।

दो

शत-शत शब्दों का सांध्य काल
यह आकुंचित भ्रू कुटिल-भाल
छाया अंबर पर जलद-जाल ज्यों दुस्तर;
आया पहले पंजाब प्रांत,
कोशल-बिहार तदनंत क्रांत,
क्रमशः प्रदेश सब हुए भ्रांत, घिर-घिरकर।

तीन

मोगल-दल बल के जलद-यान,
दर्पित-पद उन्मद-नद पठान
है बहा रहे दिग्देशज्ञान, शर-खरतर,

छाया ऊपर घन-अंधकार—
टूटता वज्र दह दुर्निवार,
नीचे प्लावन की प्रलय-धार, ध्वनि हर-हर।

चार

रिपु के समक्ष जो था प्रचंड
आतप ज्यों तम पर करोद्दंड;
निश्चल अब वही बुंदेलखंड, आभा गत,
नि:शेष सुरभि, कुरबक-समान
संलग्न वृंत पर, चिंत्य प्राण,
बीता उत्सव ज्यों, चिह्न म्लान; छाया श्लथ।

पाँच

वीरों का गढ़, वह कालिंजर,
सिंहों के लिए आज पिंजर;
नर हैं भीतर, बाहर किन्नर-गण गाते;
पीकर ज्यों प्राणों का आसव
देखा असुरों ने दैहिक दव,
बंधन में फँस आत्मा-बांधव दु:ख पाते।

छह

लड़-लड़ जो रण बाँकुरे समर
हो शयित देश की पृथ्वी पर,
अक्षर, निर्जर, दुर्धर्ष, अमर, जगतारण
भारत के उर के राजपूत,
उड़ गए आज वे देवदूत,
जो रहे शेष, नृपवेश सूत—बंदीगण।

सात

यों, मोगल-पद-तल प्रथम तूर्ण
संबद्ध देश-बल चूर्ण-चूर्ण;
इसलाम-कलाओं से प्रपूर्ण जन-जनपद;
संचित जीवन की क्षिप्रधार,
इसलाम—सागराभिमुखऽपार,
बहतीं नदियाँ, नद; जन-जन हार वशवद।

आठ

अब, धौत धरा, खिल गया गगन,
उर-उर को मधुर, तापप्रशमन
बहती समीर, चिर-आलिंगन ज्यों उन्मन।
झरते हैं शशधर से क्षण-क्षण
पृथ्वी के अधरों पर निःस्वन
ज्योतिर्मय प्राणों के चुंबन, संजीवन!

नौ

भूला दुःख, अब सुख-स्वरित जाल
फैला—यह केवल-कल्प काल—
कामिनी-कुमुद-कर-कलित ताल पर चलता;
प्राणों की छवि मृदु-मंद-स्पंद,
लघु-गति, नियमित-पद, ललित-छंद;
होगा कोई, जो निरानंद, कर मलता।

दस

सोचता कहाँ रे, किधर कूल
बहता तरंग का प्रमुद फूल?
यों इस प्रवाह में देश मूल खो बहता;

’छल-छल-छल’ कहता यद्यपि जल,
वह मंत्र मुग्ध सुनता ’कल-कल’;
निष्क्रिय; शोभा-प्रिय कूलोपल ज्यों रहता।

ग्यारह

पड़ते हैं जो दिल्ली-पथ पर
यमुना के तट के श्रेष्ठ नगर,
वे हैं समृद्धि की दूर-प्रसर माया में;
यह एक उन्हीं में राजापुर,
है पूर्ण, कुशल, व्यवसाय-प्रचुर,
ज्योतिश्चुंबिनी कलश-मधु-उर छाया में।

बारह

युवकों में प्रमुख रत्न-चेतन
समधीत-शास्त्रा-काव्यालोचन
जो, तुलसीदास, वही ब्राह्मण-कुल-दीपक;
आयत-दृग, पुष्ट-देह, गत-भय,
अपने प्रकाश में निःसंशय
प्रतिभा का मंद-स्मित परिचय, संस्मारक।

तेरह

नीली उस यमुना के तट पर
राजापुर का नागरिक मुखर
क्रीड़ितवय-विद्याध्ययनांतर है संस्थित;
प्रियजन को जीवन चारु, चपल
जल की शोभा का-सा उत्पल,
सौरभोत्कलित अंबर-तल, स्थल-स्थल, दिक-दिक।

चौदह

एक दिन, सखागण संग, पास,
चल चित्रकूटगिरि, सहोच्छ्वास,
देखा पावन वन, नव प्रकाश मन आया;
वह भाषा-छिपती छवि सुंदर
कुछ खुलती आभा में रँग कर,
वह भाव कुरल-कुहरे-सा भरकर भाया।

पंद्रह

केवल विस्मित मन, चिंत्य नयन;
परिचित कुछ, भूला ज्यों प्रियजन—
ज्यों दूर दृष्टि की धूमिल-तन तट-रेखा,
हो मध्य तरंगोकुल सागर,
नि:शब्द स्वप्नसंस्कारागर;
जल में अस्फुट छवि छायाधर, यों देखा।

सोलह

तरु-तरु वीरुध्-वीरुध् तृण-तृण
जाने क्या हँसते मसृण-मसृण,
जैसे प्राणों से हुए उऋण, कुछ लखकर;
भर लेने को उर में, अथाह,
बाँहों में फैलाया उछाह;
गिनते थे दिन, अब सफल-चाह पल रखकर।

सत्रह

कहता प्रति जड़, "जंगम-जीवन!
भूले थे अब तक बंधु, प्रमन?
यह हताश्वास मन भार श्वास भर बहता;

तुम रहे छोड़ गृह मेरे कवि,
देखो यह धूलि-धूसरित छवि,
छाया इस पर केवल जड़ रवि खर दहता।''

अठारह

"हनती आँखों की ज्वाला चल,
पाषाण-खंड रहता जल-जल,
ऋतु सभी प्रबलतर बदल-बदलकर आते;
वर्षा में पंक-प्रवाहित सरि,
है शीर्ण-काय-कारण हिम अरि;
केवल दुख देकर उदरंभरि जन जाते।''

उन्नीस

फिर असुरों से होती क्षण-क्षण
स्मृति की पृथ्वी यह, दलित-चरण;
वे सुप्त भाव, गुप्ताभूषण अब हैं सब;
इस जग के मग के मुक्त-प्राण!
गाओ—विहंग!—सद्ध्वनित गान,
त्यागोज्जीवित, वह ऊर्ध्व ध्यान, धारा-स्तव।''

बीस

"लो चढ़ा तार—लो चढ़ा तार,
पाषाण-खंड ये, करो हार,
दे स्पर्श अहल्योद्धार-सार उस जग का;
अन्यथा यहाँ क्या? अंधकार,
बंधुर पथ, पंकिल सरि, कगार,
झरने, झाड़ी, कंटक; विहार पशु-खग का!''

इक्कीस

"अब स्मर के शर-केशर से झर
रँगती रज-रज पृथ्वी, अंबर;
छाया उससे प्रतिमानस-सर शोभाकर;
छिप रहे उसी से वे प्रियतम
छवि के निश्छल देवता परम;
जागरणोपम यह सुप्ति-विरम भ्रम, भ्रम भर।''

बाईस

बहकर समीर ज्यों पुष्पाकुल
वन को कर जाती है व्याकुल,
हो गया चित्त कवि का त्यों तुलकर उन्मन;
वह उस शाखा का वन-विहंग
उड़ गया मुक्त नभ निस्तरंग
छोड़ता रंग पर रंग—रंग पर जीवन।

तेईस

दूर, दूरतर, दूरतम, शेष
कर रहा पार मन नभोदेश,
सजता सुवेश, फिर-फिर सुवेश जीवन पर,
छोड़ता रंग, फिर-फिर सँवार
उड़ती तरंग ऊपर अपार
संध्या ज्योति : ज्यों सुविस्तार अंबर तर।

चौबीस

उस मानस ऊर्ध्व देश में भी
ज्यों राहु-ग्रस्त आभा रवि की
देखी कवि ने छवि छाया-सी, भरती-सी—

भारत का सम्यक् देशकाल;
खिंचता जैसे तम-शेष जाल,
खींचती, वृहत् से अंतराल करती-सी।

पच्चीस

बंध भिन्न-भिन्न भावों के दल
क्षुद्र से क्षुद्रतर, हुए विकल;
पूजा में भी प्रतिरोध-अनल है जलता;
हो रहा भस्म अपना जीवन,
चेतना-हीन फिर भी चेतन;
अपने ही मन को यों प्रति मन है छलता।

छब्बीस

इसने ही जैसे बार-बार
दूसरी शक्ति की की पुकार—
साकार हुआ ज्यों निराकार, जीवन में;
यह उसी शक्ति से है वलयित
चित देश-काल का सम्यक् जित,
ऋतु का प्रभाव जैसे संचित तरु-तन में!

सत्ताईस

विधि की इच्छा सर्वत्र अटल;
यह देश प्रथम ही था हत-बल;
वे टूट चुके थे ठाट सकल वर्णों के;
तृष्णोद्धत, स्पर्धागत, सगर्व
क्षत्रिय रक्षा से रहित सर्व;
द्विज चाटुकार; हत इतर वर्ग पर्णों के।

अट्ठाईस

चलते-फिरते पर निस्सहाय,
वे दीन, क्षीण कंकालकाय;
आशा-केवल जीवनोपाय उर-उर में;
रण के अश्वों से शस्य सकल
दलमल जाते ज्यों, दल से दल
शूद्रगण क्षुद्र-जीवन-संबल, पुर-पुर में।

उनतीस

वे शेष-श्वास, पशु, मूक-भाष,
पाते प्रहार अब हताश्वास;
सोचते कभी, आजन्म ग्रास द्विजगण के
होना ही उनका धर्म परम,
वे वर्णाधम, रे द्विज उत्तम,
वे चरण—चरण बस, वर्णाश्रम—रक्षण के।

तीस

रक्खा उन पर गुरु-भार, विषम
जो पहला पद, अब मद-विष-सम,
द्विज लोगों पर इस्लाम-क्षम वह छाया,
जो देश-काल को आवृत कर
फैली है सूक्ष्म मनोनभ पर,
देखी कवि ने समझा अब—वर, क्या माया।

इकतीस

इस छाया के भीतर हैं सब,
है बँधा हुआ सारा कलरव,
भूले सब इस तम का आसव पी-पीकर।

इसके भीतर रह देश-काल
हो सकेगा न रे मुक्त-भाल,
पहले का-सा उन्नत विशाल ज्योति:सर।

बत्तीस

दीनों की भी दुर्बल पुकार
कर सकती नहीं कदापि पार
पार्थिवैश्वर्य का अंधकार पीड़ाकर,
जब तक कांक्षाओं के प्रहार
अपने साधन को बार-बार
होंगे भारत पर इस प्रकार तृष्णापर।

तैंतीस

सोचा कवि ने, मानस-तरंग,
यह भारत-संस्कृति पर सभंग
फैली जो, लेती संग-संग, जन-गण को;
इस अनिल-वाह के पार प्रखर
किरणों का वह ज्योतिर्मय घर,
रविकुल-जीवन-चुंबनकर मानस-धन जो।

चौंतीस

है वही मुक्ति का सत्य रूप,
यह कूप-कूप भव-अंध कूप;
वह रंक, यहाँ जो हुआ भूप, निश्चय रे।
चाहिए उसे और भी और,
फिर साधारण को कहाँ ठौर ?
जीवन के, जग के, यही तौर हैं जय के।

पैंतीस

करना होगा यह तिमिर पार—
देखना सत्य का मिहिर-द्वार—
बहना जीवन के प्रखर ज्वार में निश्चय—
लड़ना विरोध से द्वंद्व-समर,
रह सत्य-मार्ग पर स्थिर निर्भर—
जाना, भिन्न भी देह, निज घर निःसंशय।

छत्तीस

कल्मषोत्सार कवि के दुर्दम
चेतनोर्मियों के प्राण प्रथम
वह रुद्ध द्वार का छाया-तम तरने को—
करने को ज्ञानोद्धत प्रहार—
तोड़ने को विषम वज्र-द्वार;
उमड़े, भारत का भ्रम अपार हरने को।

सैंतीस

उस क्षण, उस छाया के ऊपर,
नभ-तम की-सी तारिका सुघर;
आ पड़ी, दृष्टि में, जीवन पर, सुंदरतम
प्रेयसी, प्राणसंगिनी, नाम
शुभ रत्नावली-सरोज-दाम
वामा, इस पथ पर हुई वाम सरितोपम।

अड़तीस

'जाते हो कहाँ?' तुले तिर्यक्
दृग, पहनाकर ज्योतिर्मय स्रक्
प्रियतम को ज्यों, बोले सम्यक् शासन से;

फिर लिए मूँद वे पल पक्ष्मल—
इंदीवर के-से कोश विमल;
फिर हुई अदृश्य शक्ति पुष्कल उस तन से।

उनतालीस

उस ऊँचे नभ का, गुंजनपर,
मंजुल जीवन का मन-मधुकर,
खुलती उस दृग-छवि में बँधकर, सौरभ को
बैठा ही था सुख से क्षण-भर,
मुँद गए पलों के दल मृदुतर,
रह गया उसी उर के भीतर, अक्षम हो।

चालीस

उसके अदृश्य होते ही रे,
उतरा वह मन धीरे-धीरे,
केशर-रज-कण अब हैं हीरे—पर्वतचय;
यह वही प्रकृति पर रूप अन्य;
जगमग-जगमग सब वेश वन्य;
सुरभित दिशि-दिशि, कवि हुआ धन्य, मायाशय।

इकतालीस

यह श्री पावन, गृहिणी उदार;
गिरि-वर उरोज, सरि पयोधार
कर वन-तरु, फैला फल निहारती देती,
सब जीवों पर है एक दृष्टि,
तृण-तृण पर उसकी सुधा-वृष्टि,
प्रेयसी, बदलती वसन सृष्टि नव लेती।

बयालीस

ये जिस करके रे झंकृत स्वर
गूँजते हुए इतने सुखकर,
खुलते, खोलते प्राण के स्तर भर जाते;
व्याकुल आलिंगन को, दुस्तर,
रागिनी की लहर, गिरि-वन-सर
तरती; जो ध्वनित, भाव सुंदर कहलाते!

तैंतालीस

यों धीरे-धीरे उतर-उतर;
आया मन निज पहली स्थिति पर;
खोले दृग, वैसी ही प्रांतर की रेखा;
विश्राम के लिए मित्र-प्रवर
बैठे थे ज्यों, बैठे पथ पर;
वह खड़ा हुआ, त्यों ही रहकर यह देखा।

चवालीस

फिर पंचतीर्थ को चढ़े सकल
गिरिमाला पर, हैं प्राण चपल
संदर्शन को, आतुर-पद चलकर पहुँचे।
फिर कोटितीर्थ देवांगनादि
लख सार्थक-श्रम हो विगत-व्याधि
नग्न-पद चले, कंटक उपाधि भी, न कुँचे।

पैंतालीस

आए हनुमद्धारा द्रुततर,
झरता झरना वीर पर प्रखर,
लखकर कवि रहा भाव में भरकर क्षण-भर;

फिर उतरे गिरि, चल किया पार
पथ-पयस्विनी सरि मृदुल धार;
स्नानांत, भजन, भोजन, विहार, गिरि-पद पर।

छियालीस

कामदगिरि का कर परिक्रमण
आए जानकी-कुंड सब जन;
फिर स्फटिकशिला, अनसूया-वन सरि-उद्‌गम;
फिर भरतकूप, रह इस प्रकार,
कुछ दिन सब जन कर वन-विहार
लौटे निज-निज गृह हृदय धार छवि निरुपम।

सैंतालीस

प्रेयसी के अलक नील, व्योम;
दृग-पल कलंक;—मुख मंजु, सोम;
निःसृत प्रकाश जो, तरुण क्षोम प्रिय तन पर;
पुलकित प्रतिपल मानस-चकोर
देखता भूल दिक् उसी ओर;
कुल इच्छाओं का वही छोर जीवन-भर।

अड़तालीस

जिस शुचि प्रकाश का सौर-जगत्
रुचि-रुचि में खुला, असत् भी, सत्,
वह बँधा हुआ है एक महत् परिचय से;
अविनश्वर वही ज्ञान भीतर,
बाहर भ्रम, भ्रमरों को, भास्वर;
वह रत्नावली-सूत्रधर पर आशय से।

उनचास

देखता, नवल चल दीप युगल
नयनों के, आभा के कोमल;
प्रेयसी के, प्रणय के, निस्तल विभ्रम के,
गृह की सीमा के स्वच्छभास—
भीतर के, बाहर के प्रकाश,
जीवन के, भावों के विलास, शम-दम के।

पचास

पर वही द्वंद्व के भी कारण,
बंध की शृंखला के धारण,
निर्वाण के पथिक के वारण, करुणामय;
वे पलकों के उस पार, अर्थ
हो सका न, वे ऐसे समर्थ;
सारा विवाद हो गया व्यर्थ, जीवन-क्षय।

इक्यावन

उस प्रियावरण प्रकाश में बंध,
सोचता, "सहज पड़ते पग सध;
शोभा को लिए ऊर्ध्व औ' अध घर बाहर,
यह विश्व, सूर्य, तारक-मंडल,
दिन, पक्ष, मास, ऋतु, वर्ष चपल;
बंध गति-प्रकाश में बुद्ध सकल पूर्वापर।

बावन

"बंध के बिना, कह, कहाँ प्रगति?
गति-हीन जीव को कहाँ सुरति?
रतिरहित कहाँ सुख? केवल क्षति-केवल क्षति;

यह क्रम-विनाश; इससे चलकर
आता सत्वर मन निम्न उतर;
छूटता अंत में चेतन स्तर, जाती मति।

तिरपन

"देखो प्रसून को वह उन्मुख!
रंग-रेणु-गंध भर व्याकुल-सुख,
देखता ज्योतिर्मुख; आया दु:ख-पीड़ा सह।
चटका कलि का अवरोध सदल,
वह शोधशक्ति, जो गंधोच्छल,
खुल पड़ती पल-प्रकाश को, चल परिचय वह।

चौवन

जिस तरह गंध से बँधा फूल,
फैलता दूर तक भी, समूल;
अप्रतिम प्रिया से, त्यों दुकूल-प्रतिमा में
मैं बँधा एक शुचि आलिंगन,
आकृति में निराकार, चुंबन;
युक्त भी मुक्त यों आजीवन, लघिमा में।

पचपन

सोचता कौन प्रतिहत-चेतन—
वे नहीं प्रिया के नयन, नयन;
वह केवल वहाँ मीन-केतन, युवती में;
अपने वश में कर पुरुष-देश
है उड़ा रहा ध्वज-मुक्तकेश;
तरुणी-तनु आलंबन-विशेष, पृथ्वी में?

छप्पन

वह ऐसी जो अनुकूल युक्ति,
जीव के भाव की नहीं मुक्ति,
वह एक भुक्ति, ज्यों मिली शुक्ति से मुक्ता;
जो ज्ञानदीप्ति, वह दूर, अजर,
विश्व के प्राण के भी ऊपर;
माया वह, जो जीव से सुघर संयुक्ता।

सत्तावन

मृत्तिका एक कर सार-ग्रहण
खुलते रहते बहुवर्ण सुमन,
त्यों रत्नावली-हार में बँध मन चमका,
पाकर नयनों की ज्योति प्रखर,
ज्यों रविकर से श्यामल जलधर,
बहु वर्गों के भावों से भरकर दमका।

अट्ठावन

वह रत्नावली, नाम-शोभन
पति-रति में प्रतनु, अत: लोभन
अपरिचित-पुण्य अक्षय क्षोभन धन कोई;
प्रियकरालंब को सत्य-यष्टि;
प्रतिमा में श्रद्धा की समष्टि;
मायायन में प्रिय-शयन व्यष्टि भर सोई;—

उनसठ

लखती ऊषारुण, मौन, राग,
सोते पति से वह रही जाग;
प्रेम के फाग में आग त्याग की तरुणा;

प्रिय के जड़ युग कूलों को भर
बहती ज्यों स्वगंगा सस्वर;
नश्वरता पर अलोक-सुघर दृक्-करुणा।

साठ

धीरे-धीरे वह हुआ पार
तारा-द्युति से बंध अंधकार;
एक दिन बिदा को बंधु द्वार पर आया;
लख रत्नावली खुली सहास;
अवरोध-रहित बढ़ गई पास;
बोला भाई; हँसती उदास तू छाया—

इकसठ

"हो गई रतन, कितनी दुर्बल;
चिंता में बहन, गई तू गल?
माँ, बापूजी, भाभियाँ सकल पड़ोस की
हैं विकल देखने को सत्वर;
सहेलियाँ सब, ताने देकर;
कहती हैं, बेचा वर के कर, आ न सकी!

बासठ

तुझसे पीछे भेजी जाकर
आईं वे कई बार नैहर;
पर तुझे भेजते क्यों श्रीवरजी डरते?
हम कई बार आ-आकर घर
लौटे पाकर झूठे उत्तर;
क्यों बहन, नहीं तू सम, उन पर बल करते?

तिरसठ

"आँसुओं भरी माँ दु:ख के स्वर
बोलीं, रतन से कहो जाकर,
क्या नहीं मोह कुछ माता पर अब तुमको?
जामाताजी वाली ममता
माँ से तो पाती उत्तमता।
बोले बापू, योगी रमता मैं अब तो—

चौंसठ

"कुछ ही दिन को हूँ कूल-द्रुम;
छू लूँ पद फिरे, कह देना तुम।
बोली भाभी, लाना कुंकुम-शोभा को।
फिर किया अनावश्यक प्रलाप,
जिसमें जैसी स्नेह की छाप!
पर अकथनीय करुणा-विलाप जो माँ को।

पैंसठ

"हम बिना तुम्हारे आए घर;
गाँव की दृष्टि से गए उतर;
क्यों बहन, ब्याह हो जाने पर, घर पहला
केवल कहने को है नैहर?—
दे सकता नहीं स्नेह-आदर?—
पूजे पद, हम इसलिए अपर?" उर दहला।

छियासठ

उस प्रतिमा का, आया तब खुल
मर्यादागर्भित धर्म विपुल,
धुल अशु-धार से हुई अतुल छवि पावन,

वह घेर-घेर निस्सीम गगन
उमड़े भावों के घन पर घन,
फैला, ढक सघन स्नेह-उपवन, यह सावन।

सड़सठ

बोली वह, मृदु-गंभीर-घोष,
मैं साथ तुम्हारे, करो तोष।
जिस पृथ्वी से निकली सदोष वह सीता,
अंक में उसी के आज लीन—
निज मर्यादा पर समासीन;
दे गई सुहद् को स्नेह-क्षीण गत गीता।

अड़सठ

बोला भाई, तो चलो अभी,
अन्यथा, न होंगे सफल कभी
हम, उनके आ जाने पर, जी यह कहता।
जब लौटें वह, हम करें पार
राजापुर के ये मार्ग, द्वार।
चल दी प्रतिमा। घर अंधकार अब बहता।

उनहत्तर

लेते सौदा जब खड़े हाट,
तुलसी के मन आया उचाट;
सोचा, अबके किस घाट उतारें इनको;
जब देखो, तब द्वार पर खड़े,
उधार लाए हम, चल बड़े!
दे दिया दान तो अड़े पड़े अब किनको?

सत्तर

सामग्री ले लौटे जब घर,
देखा नीलम-सोपानों पर
नभ के, चढ़ती आभा सुंदर पग धर-धर;
श्वेत, श्याम, रक्त, पराग-पीत,
अपने सुख से ज्यों सुमन भीत;
गाती यमुना नृत्यपर, गीत कल-कल स्वर।

इकहत्तर

देखा, वह नहीं प्रिया, जीवन;
नत-नयन भवन, विषण्ण आँगन;
आवरण शून्य वे बिना वरण-मधुरा के
अपहृत-श्री, सुख-स्नेह का सद्म;
निःसुरभि, हंत, हेमंत-पद्म!
नैतिक-नीरस, निष्प्रीति, छद्म ज्यों, पाते।

बहत्तर

यह नहीं आज गृह, छाया-उर,
गीति से प्रिया की मुखर, मधुर;
गति-नृत्य, तालशिंजित-नूपुर, चरणारुण;
व्यंजित नयनों का भाव सघन
भर रंजित जो करता क्षण-क्षण;
कहता कोई मन से, उन्मन, सुन रे, सुन।

तिहत्तर

वह आज हो गई दूर तान,
इसलिए मधुर वह और गान,
सुनने को व्याकुल हुए प्राण प्रियतम के;

छूटा जग का व्यवहार-ज्ञान,
पग उठे उसी मग को अजान,
कुल-मान-ध्यान श्लथ स्नेह-दान-सक्षम से।

चौहत्तर

मग में पिक-कुहरित डाल-डाल,
हैं हरित विटप सब सुमन-माल,
हिलतीं लतिकाएँ ताल-ताल पर सस्मित।
पड़ता उन पर ज्योतिः प्रपात,
हैं चमक रहे सब कनक-गात,
बहती मधु-धीर समीर ज्ञात, आलिंगित।

पचहत्तर

धूसरित बाल-दल, पुण्य-रेणु,
लख चारण-वारण-चपल धेनु,
आ गई याद उस मधुर-वेणु-वादन की;
वह यमुना-तट, वह वृंदावन,
चपलानंदित यह सघन गगन;
गोपी-जन-यौवन-मोहन-तन वह वन-श्री।

छिहत्तर

सुनते सुख की वंशी के सुर,
पहुँचे रत्नधर रमा के पुर;
लख सादर, उठी समाज श्वसुर-परिजन की;
बैठाला देकर मान-पान;
कुछ जन बतलाए कान-कान;
सुन बोली भाभी, यह पहचान रतन की।

सतहत्तर

जल गए व्यंग्य से सकल अंग, —
चमकी चल-दृग ज्वाला-तरंग,
पर रही मौन धर अप्रसंग वह बाला;
पति की इस मति-गति से मरकर,
उर की उर में ज्यों, ताप-क्षर,
रह गई सुरभि की म्लान-अधर वर-माला।

अठहत्तर

बोली मन में होकर अक्षम,
रक्खो, मर्यादा पुरुषोत्तम!
लाज का आज भूषण, अक्लम, नारी का;
खींचता छोर, यह कौन और
पैठा उनमें जो अधर चौर?
खुलता अब अंचल, नाथ, पौर साड़ी का!

उनासी

कुछ काल रहा यों स्तब्ध भवन,
ज्यों आँधी के उठने का क्षण;
प्रिय श्रीवरजी को जिवाँ शयन करने को
ले चली साथ भावज हरती
निज प्रियालाप से वश करती,
वह मधु-शीकर निर्झर झरती झरने को।

अस्सी

जेंए फिर चल गृह के सब जन,
फिर लौटे निज-निज कक्ष शयन;
प्रिय-नयनों में बंध प्रिया-नयन चयनोत्कल

पलकों से स्फारित, स्फुरित-राग
सुनहला भरे पहला सुहाग,
रग-रग से रंग रे रहे जाग स्वप्नोत्पल।

इक्यासी

कवि-रुचि में घिर छलकता रुचिर,
जो, न था भाव वह छवि का स्थिर—
बहती उलटी ही आज रुधिर-धारा वह,
लख-लख प्रियतम-मुख पूर्ण-इंदु
लहराया जो उर मधुर सिंधु,
विपरीत, ज्वार, जल-बिंदु-बिंदु द्वारा वह।

बयासी

अस्तु रे, विवश, मारुत-प्रेरित,
पर्वत-समीप आकर ज्यों स्थित
घन-नीलालका दामिनी जित ललना वह;
उन्मुक्त-गुच्छ चक्रांक-पुच्छ,
लख नर्तित कवि-शिखि-मन समुच्च
वह जीवन की समझा न तुच्छ छलना वह!

तिरासी

बिखरी छूटीं शफरी-अलकें,
निष्पात नयन-नीरज पलकें,
भावातुर पृथु उर की छलके उपशमिता,
नि:संबल केवल ध्यान-मग्न,
जागी योगिनी अरूप-लग्न,
वह खड़ी शीर्ण प्रिय-भाव-मग्न निरुपमिता।

चौरासी

कुछ समय अनंतर, स्थित रहकर,
स्वर्गीयाभा वह स्वरित प्रखर
स्वर में झर-झर जीवन भरकर ज्यों बोली;
अचपल ध्वनि की चमकी चपला,
बल की महिमा बोली अबला,
जागी जल पर कमला, अमला मति डोली—

पिचासी

"धिक! धाए तुम यों अनाहूत,
धो दिया श्रेष्ठ कुल-धर्म धूत,
राम के नहीं, काम के सूत कहलाए!
हो बिके जहाँ तुम बिना दाम,
वह नहीं और कुछ-हाड, चाम!
कैसी शिक्षा, कैसे विराम पर आए!"

छियासी

जागा, जागा संस्कार प्रबल,
रे गया काम तत्क्षण वह जल,
देखा, वामा, वह न थी, अनल-प्रतिमा वह;
इस ओर ज्ञान, उस ओर ज्ञान,
हो गया भस्म वह प्रथम भान,
छूटा जग का जो रहा ध्यान, जड़िमा वह।

सत्तासी

देखा शारदा नील-वसना
हैं सम्मुख स्वयं सृष्टि-रशना,
जीवन-समीर-शुचि-निःश्वसना, वरदात्री,

वाणी वह स्वयं सुवादित स्वर
फूटी तर अमृताक्षर-निर्झर,
यह विश्व हंस, है चरण सुघर जिस पर श्री।

अट्ठासी

दृष्टि से भारती से बँधकर
कवि उठता हुआ चला ऊपर;
केवल अंबर-केवल अंबर फिर देखा;
धूमायमान वह घूर्ण्य प्रसर
धूसर समुद्र शशि-ताराहर,
सूझता नहीं क्या ऊर्ध्व, अधर, क्षर रेखा।

नवासी

चमकी तब तक तारा नवीन,
द्युति-नील-नील, जिसमें विलीन
सो गई भारती, रूप-क्षीण महिमा अब;
आभा भी क्रमशः हुई मंद,
निस्तब्ध व्योम-गति-रहित छंद;
आनंद रहा, मिट गए द्वंद्व, बंधन सब।

नब्बे

थे मुँदे नयन, ज्ञानोन्मीलित,
कलि में सौरभज्यों, चित में स्थित;
अपनी असीमता में अवसित प्राणाशय;
जिस कलिका में कवि रहा बंद,
वह आज उसी में खुली मंद,
भारती रूप में सुरभि-छंद निष्प्रश्रय।

इक्यानवे

जब आया फिर देहात्मबोध,
बाहर चलने का हुआ शोध,
रह निर्विरोध, गति हुई रोध-प्रतिकूला,
खोलती मृदुल दल बंद सकल
गुदगुदा विपुल धारा अविचल
बह चली सुरभि की ज्यों उत्कल, नि:शूला—

बानवे

बाजीं बहती लहरें कलकल,
जागे भावाकुल शब्दोच्छल,
गूँजा जग का कानन-मंडल, पर्वत-तल;
सूना उर ऋषियों का ऊना
सुनता स्वर, हो हर्षित, दूना,
आसुर भावों से जो भूना, था निश्चल।

तिरानवे

जागो जागो आया प्रभात,
बीती वह, बीती अंध रात,
झरता भर ज्योतिर्मय प्रपात पूर्वांचल;
बाँधो, बाँधो किरणें चेतन,
तेजस्वी, हे तमजिज्जीवन;
आती भारत की ज्योतिर्धन महिमाबल।

चौरानवे

"होगा फिर से दुर्धर्ष समर
जड़ से चेतन का निशिवासर,
कवि का प्रति छवि से जीवनहर, जीवन-भर;

भारती इधर, हैं उधर सकल
जड़ जीवन के संचित कौशल;
जय, इधर ईश, हैं उधर सबल माया-कर।

पिचानवे

"हो रहे आज जो खिन्न-खिन्न
छुट-छुटकर दल से भिन्न-भिन्न
यह अकल-कला, गह सकल छिन्न, जोड़ेगी,
रवि-कर ज्यों बिंदु-बिंदु जीवन
संचित कर करता है वर्षण,
लहरा भव-पादप, मर्षण-मन मोड़ेगी।

छियानवे

"देश-काल के शर से बिंधकर
यह जागा कवि अशेष, छविधर
इनका स्वर भर भारती मुखर होएँगी;
निश्चेतन, निज तन मिला विकल,
छलका शत-शत कल्मष के छल
बहतीं जो, वे रागिनी सकल सोएँगी।

सत्तानवे

"तम के अमार्ज्य रे तार-तार
जो, उन पर पड़ी प्रकाश-धार;
जग-वीणा के स्वर के बहार रे, जागो
इस कर अपने कारुणिक प्राण
कर लो समक्ष देदीप्यमान—
दे गीत विश्व को रुको दान फिर माँगो।"

अट्ठानवे

कुछ हुआ कहाँ, कुछ नहीं सुना,
कवि ने निज मन भाव में गुना,
साधना जगी केवल अधुना प्राणों की,
देखा सामने, मूर्ति छल-छल
नयनों में छलक रही अचपल
उपमिता न हुई समुच्च सकल तानों की।

निन्यानवे

जगमग जीवन का अन्त्य भाष—
"जो दिया मुझे तुमने प्रकाश,
अब रहा नहीं लेशावकाश रहने का
मेरा उससे गृह के भीतर;
देगा नहीं कभी फिरकर,
लेता मैं, जो वर जीवन-भर बहने का।"

सौ

चल मंदचरण आए बाहर,
उर में परिचित वह मूर्ति सुघर
जागी विश्वाश्रय महिमाधर, फिर देखा—
संकुचित, खोलती श्वेत पटल
बदली, कमला तिरती सुख-जल,
प्राची-दिगंत-उर में पुष्कल रवि-रेखा।

(15) उक्ति

कुछ न हुआ, न हो।
मुझे विश्व का सुख, श्री, यदि केवल
पास तुम रहो !
मेरे नभ के बादल यदि न कटे—
चंद्र रह गया ढका,
तिमिर रात को तिरकर यदि न अटे
लेश गगन-भास का,
रहेंगे अधर हँसते, पथ पर, तुम
हाथ यदि गहो।
बहु-रस साहित्य विपुल यदि न पढ़ा—
मंद सबों ने कहा—
मेरा काव्यानुमान यदि न बढ़ा—
ज्ञान जहाँ का रहा,
रहे, समझ है मुझमें पूरी, तुम
कथा यदि कहो।

(16) मौन

बैठ लें कुछ देर,
आओ, एक पथ के पथिक-से
प्रिय, अंत और अनंत के,
तम-गहन-जीवन घेर।
मौन मधु हो जाए
भाषा मूकता की आड़ में,
मन सरलता की बाढ़ में,
जल-बिंदु-सा बह जाए।
सरल अति स्वच्छंद
जीवन, प्रात के लघुपात से,
उत्थान-पतनाघात से
रह जाए चुप, निर्द्वंद।

(17) संध्या-सुंदरी

दिवसावसान का समय
मेघमय आसमान से उतर रही है
वह संध्या-सुंदरी परी-सी
धीरे धीरे धीरे
तिमिरांचल में चंचलता का नहीं कहीं आभास,
मधुर-मधुर हैं दोनों उसके अधर,—
किंतु गंभीर,—नहीं है उनमें हास-विलास।
हँसता है तो केवल तारा एक
गुँथा हुआ उन घुँघराले काले बालों से,
हृदय-राज्य की रानी का वह करता है अभिषेक।
अलसता की-सी लता
किंतु कोमलता की वह कली,
सखी नीरवता के कंधे पर डाले बाँह,
छाँह-सी अंबर-पथ से चली।
नहीं बजती उसके हाथों में कोई वीणा,
नहीं होता कोई अनुराग-राग आलाप,
नुपुरों में भी रुन-झुन रुन-झुन रुन-झुन नहीं,
सिर्फ़ एक अव्यक्त शब्द-सा "चुप चुप चुप"
है गूँज रहा सब कहीं,—
व्योममंडल में—जगती-तल में—

सोती शांत सरोवर पर उस अमर कमलिनी-दल में—
सौंदर्य-गर्विता-सरिता के अति विस्तृत वक्ष-स्थल में—
धीर वीर गंभीर शिखर पर हिमगिरि-अटल-अचल में—
उत्ताल-तरंगाघात-प्रलय-घन-गर्जन-जलधि-प्रबल में—
क्षिति में—जल में—नभ में—अनिल-अनल में—
सिर्फ़ एक अवयक्त शब्द-सा "चुप चुप चुप"
है गूँज रहा सब कहीं, —
और क्या है? कुछ नहीं।
मदिरा की वह नदी बहाती आती,
थके हुए जीवों को वह सस्नेह
प्याला वह एक पिलाती,
सुलाती उन्हें अंक पर अपने,
दिखलाती फिर विस्मृति के वह कितने मीठे सपने।
अर्द्धरात्रि की निश्चलता में हो जाती वह लीन,
कवि का बढ़ जाता अनुराग,
विरहाकुल कमनीय कंठ से
आप निकल पड़ता तब एक विहाग।

(18) हिंदी के सुमनों के प्रति पत्र

मैं जीर्ण-साज बहु छिद्र आज,
तुम सुदल सुरंग सुवास सुमन
मैं हूँ केवल पदतल-आसन,
तुम सहज विराजे महाराज।
ईर्ष्या कुछ नहीं मुझे, यद्यपि
मैं ही वसंत का अग्रदूत,
ब्राह्मण-समाज में ज्यों अछूत
मैं रहा आज यदि पार्श्वच्छवि।
तुम मध्य भाग के, महाभाग!—
तरु के उर के गौरव प्रशस्त।
मैं पढ़ा जा चुका पत्र, न्यस्त
तुम अलि के नव रस-रंगराग।
देखो, पर, क्या पाते तुम 'फल'
देगा जो भिन्न स्वाद रस भर,
कर पार तुम्हारा भी अंतर
निकलेगा जो तरु का संबल।
फल सर्वश्रेष्ठ नायाब चीज़
या तुम बाँधकर रँगा धागा,
फल के भी उर का कटु त्यागा;
मेरा आलोचक एक बीज।

(19) बादल-राग

एक

झूम-झूम मृदु गरज-गरज घन घोर!
राग-अमर! अंबर में भर निज रोर!
झर झर झर निर्झर-गिरि-सर में,
घर, मरु, तरु-मर्मर, सागर में,
सरित—तड़ित-गति-चकित पवन में
मन में, विजय-गहन-कानन में,
आनन-आनन में, रव-घोर-कठोर—
राग-अमर! अंबर में भर निज रोर!

अरे वर्ष के हर्ष!
बरस तू, बरस-बरस रसधार!
पार ले चल तू मुझको,
बहा, दिखा मुझको भी निज
गर्जन-भैरव-संसार!
उथल-पुथल कर हृदय
मचा हलचल—
चल रे चल,—
मेरे पागल बादल!

धँसता दलदल,

हँसता है नद खल्-खल्

बहता, कहता कुलकुल कलकल कलकल।

देख-देख नाचता हृदय

बहने को महाविकल-बेकल,

इस मरोर से—इसी शोर से—

सघन घोर गुरु गहन रोर से

मुझे—गगन का दिखा सघन वह छोर!

राग-अमर! अंबर में भर निज रोर!

दो

ऐ निर्बंध!

अंध-तम-अगम-अनर्गल-बादल!

ऐ स्वच्छंद!

मंद-चंचल-समीर-रथ पर उच्छृंखल!

ऐ उद्दाम!

अपार कामनाओं के प्राण!

बाधारहित विराट!

ऐ विप्लव के प्लावन!

सावन-घोर गगन के

ऐ सम्राट!

ऐ अटूट पर छूट टूट पड़नेवाले—उन्माद!

विश्व-विभव को लूट-लूट लड़ने वाले—अपवाद!

श्री बिखेर, मुख-फेर कली के निष्ठुर पीड़न!

छिन्न-भिन्न कर पत्र-पुष्प-पादप-वन-उपवन,

वज्र-घोष से ऐ प्रचंड!

आतंक जमाने वाले!

कंपित जंगम,—नीड़-विहंगम,
ऐ न व्यथा पाने वाले!
भय के मायामय आँगन पर
गरजो विप्लव के नव जलधर!

तीन

सिंधु के अशु!
धरा के खिन्न दिवस के दाह!
विदाई के अनिमेष नयन!
मौन उर में चिह्नित कर चाह
छोड़ अपना परिचित संसार—
सुरभि का कारागार,
चले जाते हो सेवा-पथ पर,
तरु के सुमन!
सफल करके
मरीचिमाली का चारु चयन।
स्वर्ग के अभिलाषी हे वीर,
सव्यसाची-से तुम अध्ययन-अधीर
अपना मुक्त विहार,
छाया में दुख के अंत:पुर का उद्घाटित द्वार
छोड़ बंधुओं के उत्सुक नयनों का सच्चा प्यार,
जाते हो तुम अपने पथ पर,
स्मृति के गृह में रखकर
अपनी सुधि के सज्जित तार।
पूर्ण-मनोरथ! आए—
तुम आए;
रथ का घर्घर-नाद

तुम्हारे आने का संवाद।
ऐ त्रिलोक-जित्! इंद्र-धनुर्धर!
सुरबालाओं के सुख-स्वागत!
विजय! विश्व में नवजीवन भर,
उतरो अपने रथ से भारत!
उस अरण्य में बैठी प्रिया अधीर,
कितने पूजित दिन अब तक हैं व्यर्थ,
मौन कुटीर।
आज भेंट होगी—
हाँ, होगी निस्संदेह,
आज सदा-सुख-छाया होगा कानन-गेह
आज अनिश्चित पूरा होगा श्रमित प्रवास,
आज मिटेगी व्याकुल श्यामा के अधरों की प्यास।

चार

उमड़ सृष्टि के अंतहीन अंबर से,
घर से क्रीड़ारत बालक-से,
ऐ अनंत के चंचल शिशु सुकुमार!
स्तब्ध गगन को करते हो तुम पार।
अंधकार-घन अंधकार ही
क्रीड़ा का आगार।
चौंक चमक छिप जाती विद्युत
तडिद्दाम अभिराम,
तुम्हारे कुंजित केशों में
अधीर विक्षुब्ध ताल पर
एक इमन का-सा अति मुग्ध विराम।
वर्ण रश्मियों-से कितने ही

छा जाते हैं मुख पर—
जग के अंतस्थल से उमड़
नयन-पलकों पर छाए सुख पर;
रंग अपार
किरण-तूलिकाओं से अंकित
इंद्रधनुष के सप्तक, तार;
व्योम और जगती के राग उदार
मध्यदेश में, गुडाकेश!
गाते हो वारंवार।
मुक्त! तुम्हारे मुक्त कंठ में।
स्वरारोह, अवरोह, विघात,
मधुर मंद्र, उठ पुनः पुनः ध्वनि
छा लेती है गगन, श्याम कानन,
सुरभित उद्यान,
झर-झर-रव भूधर का मधुर प्रपात।
वधिर विश्व के कानों में
भरते हो अपना राग,
मुक्त शिशु! पुनः पुनः एक ही राग-अनुराग।

पाँच

निरंजन बने नयन-अंजन!
कभी चपल गति, अस्थिर मति,
जल-कलकल तरल प्रवाह,
वह उत्थान-पतन-हत अविरत
संसृति-गत उत्साह,
कभी दु:ख-दाह
कभी जलनिधि-जल विपुल अथाह,—

कभी क्रीड़ारत सात प्रभंजन—
बने नयन-अंजन!
कभी किरण-कर पकड़-पकड़कर
चढ़ते हो तुम मुक्त गगन पर,
झलमल ज्योति अयुत-कर-किंकर,
सीस झुकाते तुम्हें तिमिरहर—
अहे कार्य से गत कारण पर!
निराकार, हैं तीनों मिले भुवन—
बने नयन-अंजन!
आज श्याम-घन श्याम, श्याम छवि,
मुक्त-कंठ है तुम्हें देख कवि,
अहो कुसुम-कोमल कठोर-पवि!
शत-सहस्र-नक्षत्र-चंद्र रवि संस्तुत
नयन-मनोरंजन!
बने नयन-अंजन!

छह

तिरती है समीर-सागर पर
अस्थिर सुख पर दुःख की छाया—
जग के दग्ध हृदय पर
निर्दय विप्लव की प्लावित माया—
यह तेरी रण-तरी
भरी आकांक्षाओं से,
घन, भेरी-गर्जन से सजग सुप्त अंकुर
उर में पृथ्वी के, आशाओं से
नवजीवन की, ऊँचा कर सिर,
ताक़ रहे हैं, ऐ विप्लव के बादल!

फिर-फिर
बार-बार गर्जन
वर्षण है मूसलधार,
हृदय थाम लेता संसार,
सुन-सुन घोर वज्र-हुंकार।
अशनि-पात से शायित उन्नत शत-शत वीर,
क्षत-विक्षत हत अचल-शरीर,
गगन-स्पर्शी स्पर्धा-धीर।
हँसते हैं छोटे पौधे लघुभार—
शस्य अपार,
हिल-हिल,
खिल-खिल
हाथ हिलाते,
तुझे बुलाते,
विप्लव-रव से छोटे ही हैं शोभा पाते।
अट्टालिका नहीं है रे
आतंक-भवन,
सदा पंक पर ही होता
जल-विप्लव-प्लावन,
क्षुद्र प्रफुल्ल जलज से
सदा छलकता नीर,
रोग-शोक में भी हँसता है
शैशव का सुकुमार शरीर।
रुद्ध कोष, है क्षुब्ध तोष
अंगना-अंग से लिपटे भी
आतंक-अंक पर काँप रहे हैं
धनी, वज्र-गर्जन से बादल!

त्रस्त नयन-मुख ढाँप रहे हैं।
जीर्ण बाहु, है शीर्ण शरीर,
तुझे बुलाता कृषक अधीर,
ऐ विप्लव के वीर!
चूस लिया है उसका सार,
हाड़-मात्र ही है आधार,
ऐ जीवन के पारावार!

(20) जुही की कली

विजन-वन वल्लरी पर
सोती थी सुहाग-भरी—स्नेह-स्वप्न-भग्न—
अमल-कोमल-तनु तरुणी—जुही की कली,
दृग बंद किए, शिथिल—पत्रांक में,
वासंती निशा थी;
विरह-विधुर-प्रिया-संग छोड़
किसी दूर देश में था पवन
जिसे कहते हैं मलयानिल।
आई याद बिछुड़न से मिलन की वह मधुर बात,
आई याद चाँदनी की धुली हुई आधी रात,
आई याद कांता की कंपित कमनीय गात,
फिर क्या? पवन
उपवन-सर-सरित गहन-गिरि-कानन
कुंज-लता-पुंजों को पार कर
पहुँचा जहाँ उसने की केलि
कली-खिली-साथ।
सोती थी,
जाने कहो कैसे प्रिय-आगमन वह?
नायक के चूमे कपोल,
डोल उठी वल्लरी की लड़ी जैसे हिंडोल।

इस पर भी जागी नहीं,
चूक-क्षमा माँगी नहीं,
निद्रालस बंकिम विशाल नेत्र मूँदे रही—
किंवा मतवाली थी यौवन की मदिरा पिए,
कौन कहे?
निर्दय उस नायक ने
निपट निठुराई की
कि झोंकों की झड़ियों से
सुंदर सुकुमार देह सारी झकझोर डाली,
मसल दिए गोरे कपोल गोल;
चौंक पड़ी युवती—
चकित चितवन निज चारों ओर फेर,
हेर प्यारे को सेज-पास,
नम्रमुख हँसी—खिली,
खेल रंग, प्यारे संग।

(21) दग़ा की

चेहरा पीला पड़ा।
रीढ़ झुकी। हाथ जोड़े।
आँख का अँधेरा बढ़ा।
सैकड़ों सदियाँ गुज़रीं।
बड़े-बड़े ऋषि आए, मुनि आए, कवि आए,
तरह-तरह की वाणी जनता को दे गए।
किसी ने कहा कि एक तीन हैं,
किसी ने कहा कि तीन-तीन हैं।
किसी ने नसें टोईं, किसी ने कमल देखे।
किसी ने विहार किया, किसी ने अँगूठे चूमे।
लोगों ने कहा कि धन्य हो गए।
मगर खँजड़ी न गई।
मृदंग तबला हुआ,
वीणा सुर-बहार हुई।
आज पियानो के गीत सुनते हैं।
पौ फटी।
किरनों का जाल फैला।
दिशाओं के होंठ रँगे
दिन में, वेश्याएँ जैसे रात में।
दग़ा की इस सभ्यता ने दग़ा की।

(22) महगू महगा रहा

आजकल पंडितजी देश में बिराजते हैं।
माताजी को स्वीजरलैंड के अस्पताल,
तपेदिक के इलाज के लिए छोड़ा है।
बड़े भारी नेता हैं।
कुइरीपुर गाँव में व्याख्यान देने को
आए हैं मोटर पर
लंडन के ग्रैज्युएट,
एम.ए. और बैरिस्टर,
बड़े बाप के बेटे,
बीसियों भी पर्तों के अंदर, खुले हुए।
एक-एक पर्त बड़े-बड़े विलायती लोग।
देश की भी बड़ी-बड़ी थातियाँ लिए हुए।
राजों के बाजू पकड़, बाप की वकालत से;
कुर्सी रखने वाले अनुल्लंघ्य विद्या से
देशी जनों के बीच;
लेंड़ी ज़मींदारों को आँखों तले रक्खे हुए;
मिलों के मुनाफ़े खाने वालों के अभिन्न मित्र;
देश के किसानों, मज़दूरों के भी अपने सगे
विलायती राष्ट्रों से समझौते के लिए।
गले का चढ़ाव बोर्ज़ुआज़ी का नहीं गया।

धाक, रूस के बल से ढीली भी, जमी हुई;
आँख पर वही पानी;
स्वर पर वही सँवार।
गाँव के अधिक जन कुली या किसान हैं;
कुछ पुराने परजे जैसे धोबी, तोली, बढ़ई,
नाई, लोहार, बारी, तरकिहार, चुड़िहार,
बेहना, कुम्हार, डोम, कुइरी, पासी, चमारा,
गंगापुत्र, पुरोहित, महाब्राह्मण, चौकीदार;
कामकाज, दीवाली-जैसे परबों के दिन
मनों ले जानेवाले पिछली परिपाटी से;
हुए, मरे, ब्याह में दीवाला लाते हुए
ज़मींदार के वाहन।
बाक़ी परदेश में कौड़ियों के नौकर हैं
महाजनों के दबैल,
स्वत्व बेचकर विदेशी माल बेचनेवाले;
शहरों के सभासद।
ऐसे ही प्रकार के प्राकार से घिरे
लोगों में भाषण है।
जब भी अफ़ीम, भाँग, गाँजा, चरस, चंडू, चाय,,
देशी और विलायती तरह-तरह की शराब
चलती है मुल्क में,
फिर भी आज़ादी की हाँक का नशा बड़ा;
लोगों पर चढ़ता है।
विपत्तियाँ कई हैं घूस और डंडे की;
उनसे बचने के लिए
रास्ता निकाला है, सभाओं में आते हैं
गाँवों के लोग कुल।

एक-एक आ गए।
पंडितजी कांग्रेस के चुनाव पर बोले ;
आज़ादी लेते हैं, एक साल और है;
आततायियों से देश पिस-पिसकर मिट गया;
हमको बढ़ जाना है;
चैन नहीं लेना है जब तक विजयी न हों।
जनता मंत्रमुग्ध हुई।
ज़मीदार भी बोले जेल हो-आने वाले,
कांग्रेस-उम्मीदवार। सभा विसर्जित हुई।
महगू सुनता रहा।
कम्पू को लादता है लकड़ी, कोयला, चपड़ा।
लुकुआ ने महगू से पूछा, "क्यों हो महगू, कुछ
अपनी तो राय दो?
आजकल, कहते हैं, ये भी अपने नहीं?"
"महगू ने कहा, हाँ, कम्पू में किरिया के गोली जो लगी थी,
उसका कारण पंडितजी का शागिर्द है;
रामदास को कांग्रेसमैन बनाने वाला,
जो मिल का मालिक है।
यहाँ भी वह ज़मींदार, बाजू से लगा ही है।
कहते हैं, इनके रुपए से ये चलते हैं,
कभी-कभी लाखों पर हाथ साफ़ करते हैं।"
लुकुआ घबरा गया। "भला फिर हम कहाँ जाएँ?"
महगू से प्रश्न किया।
महगू ने कहा, "एक बड़ी ख़बर सुनी है,
हमारे अपने हैं यहाँ बहुत छिपे हुए लोग,
मगर चूँकि अभी ढीला-पोली है देश में,
अख़बार व्यापारियों ही की संपत्ति हैं,

राजनीति कड़ी से भी कड़ी चल रही है,
वे सब जन मौन हैं इन्हें देखते हुए;
जब ये कुछ उठेंगे,
और बड़े त्याग के निमित्त कमर बाँधेंगे,
आएँगे वे जन भी देश के धरातल पर,
अभी अख़बार उनके नाम नहीं छापते।
ऐसा ही पहरा है।"
"तो फिर कैसा होगा?" लुकुआ ने प्रश्न किया।
"जैसा तू लुकुआ है, वैसा ही होना है,
बड़े-बड़े आदमी धन मान छोड़ेंगे,
तभी देश मुक्त है,
कवि जी ने पढ़ा था, जब तुम बदले नहीं;
अपने मन में कहा मैंने, मैं महगू हूँ,
पैरों की धरती आकाश को भी चली जाए,
मैं कभी न बदलूँगा, इतना महगा हूँगा।"

(23) दीन

सह जाते हो
उत्पीड़न की क्रीड़ा सदा निरंकुश नग्न,
हृदय तुम्हारा दुर्बल होता भग्न,
अंतिम आशा के कानों में
स्पंदित हम-सबके प्राणों में
अपने उर की तप्त व्यथाएँ,
क्षीण कंठ की करुण कथाएँ
कह जाते हो
और जगत् की ओर ताककर
दुःख, हृदय का क्षोभ त्यागकर,
सह जाते हो।
कह जाते हो—
"यहाँ कभी मत आना,
उत्पीड़न का राज्य, दुःख ही दुःख
यहाँ है सदा उठाना,
क्रूर यहाँ पर कहलाता है शूर,
और हृदय का शूर सदा ही दुर्बल क्रूर;
स्वार्थ सदा ही रहता है परार्थ से दूर,
यहाँ परार्थ वही, जो रहे
स्वार्थ से ही भरपूर:

जगत् की निद्रा, है जागरण,
और जागरण, जगत् का—इस संसृति का
अंत—विराम—मरण।
अविराम घात—आघात,
आह! उत्पात्!
यही जग-जीवन के दिन-रात।
यही मेरा, इनका, उनका, सबका स्पंदन,
हास्य से मिला हुआ क्रंदन।
यही मेरा, इनका, उनका, सबका जीवन,
दिवस का किरणोज्जवल उत्थान,
रात्रि की सुप्ति, पतन;
दिवस की कर्म-कुटिल तम भ्रांति,
रात्रि का मोह, स्वप्न भी भ्रांति,
सदा अशांति!”

(24) पत्रोत्कंठित जीवन का विष बुझा हुआ है

पत्रोत्कंठित, जीवन का विष बुझा हुआ है
आशा का प्रदीप जलता है हृदय-कुंज में,
अंधकार पथ एक रश्मि से सुझा हुआ है।
दिङ्निर्णय ध्रुव से जैसे नक्षत्र-पुंज में।
लीला का संवरण-समय फूलों का जैसे
फलों फले या झरे अफल, पातों के ऊपर
सिद्ध योगियों जैसे या साधारण मानव,
ताक रहा है भीष्म शरों की कठिन सेज पर।
स्निग्ध हो चुका है निदाघ, वर्षा भी कर्षित,
कल शारद कल्य की, हैम लोमों आच्छादित,
शिशिर भिद्य, बौरा वसंत आमों आमोदित,
बीत चुका है दिक्चुंबित चतुरंग, काव्य, गति,
यतिवाला, ध्वनि, अलंकार, रस, राग बंध के
वाद्य-छंद के रणित गणित छुट चुके हाथ से—
क्रीड़ाएँ व्रीणा में परिणत। मल्ल-भल्ल की
मारें मूर्छित हुईं। निशाने चूक गए हैं।
झूल चुकी है खाल—ढाल की तरह तनी थी।
पुनः सवेरा एक और फेरा है जी का।

*****